KB004675

피터 드러커

1인 기업
성공 법칙

피터 드러커
1인 기업
성공 법칙

아마다 유키히로 지음 | **후지야 신지** 감수 | **우다혜** 옮김

시크릿하우스

1인 기업을 위한
피터 드러커의 컨설팅

'피터 드러커의 이론은 대기업용이라 기업가에게 갖다 붙이기엔 억지스럽고 무리가 있지 않나?' 하실지도 모르겠습니다. 그러나 피터 드러커의 대표작 《피터 드러커 매니지먼트》를 보면 교육도시에서 대학 교직원을 주 고객으로 하는 부동산업자(개인 사업자)의 사례가 나옵니다.

저는 피터 드러커의 책을 250회 이상 읽어 그의 이론이 몸에 배어 있는 사람입니다. 이런 제가 소장으로 있는 '후지야 매니지먼트 연구소'에는 변호사 사무실을 개업하기 반년 전에 입소하시고, 1년 후 개업 변호사 평균 소득의 두 배에 가까운 매출을 올린 변호사도 계십니다. 그분은 이렇게 말씀하셨습니다.

"저는 연구소에서 배운 것처럼, 나의 강점을 살리고 경쟁 없이 충분한 수입을 확보할 수 있도록 대상 분야와 고객을 좁혀 나갔습니다. 저는 그 작업을 당연하게 받아들였지만 지방 도시에서 그걸 당연시하는 업계 사람은 거의 없었습니다. 그 덕에 첫해부터 지금과 같은 수익을 올릴 수 있었다고 생각합니다."

이분은 지금도 순조롭게 수익을 늘리고 있습니다.

이 책의 저자인 아마다 씨도 저희 연구소에서 7년 동안 수련했습니다. 또 '후지야 매니지먼트 연구소·긴자 연구소'에서 1인 기업가나 중소기업 경영자들에게 '생태적 틈새 전략'을 직접 지도하고 있습니다. 생태적 틈새 전략은 피터 드러커의 《미래사회를 이끌어 가는 기업가 정신》에 등장하는 기업가 전략 중 하나입니다.

이 책은 아마다 씨가 창업가들을 위한 잡지 《안토레》의 편집자로서 18년 동안 3000명 넘게 취재해 온 경험치, 창업 후의 창업가 지원 경력, 그리고 개인 사업자나 중소기업 경영에 꼭 맞는 생태적 틈새 전략의 이론과 실천을 기반으로 쓴 책입니다.

피터 드러커는 "소위 기업가라는 사람들이 실패하는 이유는 경영의 기본과 원칙을 모르기 때문이다"라는 말을 했습니다. 반대로 말하면 '경영의 기본과 원칙'을 습득하면 성공할 확률이 높아지고 실패할 위험이 줄어든다는 뜻입니다. 부디 이 책에서 기본과 원칙을 배워 1인 기업을 성공으로 이끄시길 바랍니다.

감수자 후지야 신지

당신만의 강점과
콘셉트가 있는가?

이 책은 피터 드러커의 이론을 바탕으로 '1인 기업가에 의한, 1인 기업가를 위한, 1인 기업의 성공 법칙'을 정리한 책입니다.

우선 '프리랜서'와 '1인 기업'은 어떻게 다를까요?

제가 내린 정의로는 '프리랜서'는 작가, 일러스트레이터처럼 '직업'을 나타내는 것입니다. 그중에는 하청을 받아 일하는 방식이 있을 수도 있는데, 커리어를 쌓고자 자신의 기술을 연마하는 이미지입니다.

반면 '1인 기업'은 다른 사람에게 고용되지 않고 자신만의 '사업'을 하는 것입니다. 1인 기업의 이상적인 모습은 사회의 니즈를 기반으로 새로운 시장을 개척해 내는 이미지입니다.

그렇다면 이러한 1인 기업에서 성공이란 무엇일까요? 본래 '성공'이란 것이 워낙 정의하기가 어렵고 사람마다 각자의 해석이 있기 마련이겠으나, 이 책에서는 1인 기업가에게 주어지는 성공을 다음과 같이 정의하겠습니다.

- 원하는 가격에 구매해 주는 고객이 있다.
- 상품이나 서비스를 지지하는 팬이 있다.
- 가격 경쟁에 휘말리지 않고 적절한 이익을 얻고 있다.
- 규모는 작더라도 새로운 시장을 창조한다.
- 꾸준하게 돈을 벌어들이는 구조가 있다.
- 매일 일이 즐겁고 스트레스와는 거리가 멀다.
- 과거의 괴로웠던 경험을 극복했다.
- 일이 자아실현에 맞닿아 있다.
- 사회, 세상과 연결되어 있음을 실감한다.

이 항목 모두에 체크할 수 있는 사람은 그리 많지 않을지도 모릅니다. 하지만 1인 기업도 이것들을 실현시킬 수 있는 방법이 있습니다. 그 핵심을 모아 소개하는 것이 이 책의 역할이자 사명입니다.

저는 현재 '독자화 전략 컨설턴트'라는 직함을 갖고 저와 같은 1인 기업가를 지원하고 있습니다. 우선 간단하게 제 소개를 하겠습니다.

잡지 편집자가 되고 싶었던 저는, 리쿠르트라는 회사를 통해 창간 3년 차 잡지인 《안토레》 편집부에 소속되어 그 꿈을 이뤘습니다. 《안토레》는 리쿠르트에서도 보기 드문 '창업'에 특화된 정보지였기에 매일 같이 창업가들을 취재했습니다. 다양한 꿈과 신선한 자극들로 충만한 나날이었습니다.

취재 현장만큼이나 충격적이었던 것은 회사 내 환경이었습니다. 당시 《안토레》가 속해 있던 비즈니스 인큐베이션 사업부는 문자 그대로 새로운 사업을 시작하려는 기업이나 인물을 지원하기 위한 새로운 조직이었습니다.

사무실이 있던 곳은 신바시와 요코마쓰초의 중간쯤에 위치한 상가 건물 1층. 그전까지 긴자 8초메에 있는 리쿠르트 본사 건물에서 근무했던 것과 비교하면 강등 그 자체였는데, 거기 모인 40여 명은 하나같이 독특한 가치관을 지닌 괴짜 야인 같은 사람들뿐이었습니다. 그런 선배들이 하나둘씩 회사를 그만두더니 이직이 아닌 '독립'을 한 것입니다. 당시 《안토레》에 있던 수많은 직원들이 실제로 창업가로서의 날갯짓을 해 나갔습니다.

편집장이 사라지더니, 수년 후에는 부편집장까지 "자유로워질 테야" 하고는 독립. 희한하게도 어느샌가 저도 '선배들처럼 되고 싶다'라는 생각을 하게 되었습니다. 스스로 새로운 사업을 일으키고 싶었다기보다 그저 '회사의 틀에서 벗어나 조금 더 다양한 도전을 해 보고 싶다'라는 이유에서였습니다.

서른한 살의 여름. 먼저 저는 회사와의 합의를 통해 위탁 편집자로 근무 형태를 바꿀 수 있었습니다. 괴짜 아인 집단의 일원이 되고부터 《안토레》의 자유로운 편집자로 근무한 지 어언 18년. 전국을 누비며 3000명이 넘는 창업가를 취재하는 혜택을 누렸습니다.

이 책이 탄생하게 된 배경에 대해서도 조금 설명하겠습니다. 2012년 여름의 일입니다. 전부터 친분이 있던 경영 컨설턴트 후지야 신지 선생님께서 후쿠오카에서 올라오셨습니다. 그때 피터 드러커 이론을 토대로 한 경영자 연구 모임을 시작할 예정인데 참여해 보지 않겠느냐는 권유를 받았습니다. 그것이 저와 피터 드러커의 운명적인 만남이 되었지요. 그 후 매달 정기 모임에 참가해 오던 것이 7년이 지나, 지금은 최고참 회원이 되었습니다.

후지야 선생님은 일본을 대표하는 피터 드러커 연구자로 알려져 있는데, 난해한 이론을 알기 쉽게 풀어주는 강의로 중소기업 경영자들에게 큰 호응을 얻고 있습니다.

특히 눈에 띄는 점은 문자 정보가 중심인 피터 드러커의 이론을 '도식화', '만화화'한 데 있습니다. 이러한 업적은 지금껏 대기업 간부가 중심이었던 독자층에서 '중소기업을 위한 피터 드러커 이론'이라는 새로운 장을 만들어 냈습니다.

피터 드러커의 수많은 이론 중에서도 저는 거대 기업이 침투하지 않는 독자적인 영역 발굴을 골자로 한 '틈새 전략'에 공감했습니다. 그리고 2017년에 '후지야 매니지먼트 연구소'의 프랜차이즈 가맹점으로 긴자 연구소를 개교했습니다. 당초 세 명의 학생으로 시작했지만 현재는 1인 기업가부터 연 매출 10억 엔을 훌쩍 넘는 기업의 경영자까지 개성 뚜렷한 학생들에게 지지를 받고 있습니다.

이렇게 《안토레》를 편집하며 3000명 이상의 창업가를 취재한 데이터와 피터 드러커의 이론을 접목하여 완성된 결정체가 이 책입니다.

저는 지금까지의 취재 경험을 통해 성공한 창업가에게는 사업의 크기와 관계없이 몇 가지 공통점이 있다는 사실을 발견했습니다.

① '강점'에 기반을 둔 사업을 선택한다.

② 명확한 '콘셉트'를 내세운다.

③ 변화하는 '고객의 니즈'에 민감하게 반응한다.

④ '고유한 시장'을 구축하여 가격 경쟁에 휘말리지 않는다.

⑤ '이상적인 고객'을 확보하고 있다.

⑥ 고객을 사로잡는 '커뮤니티'가 있다.

⑦ 매력 넘치는 '스토리'를 지니고 있다.

이 일곱 가지가 이 책의 기본 뼈대이기도 합니다.

그리고 피터 드러커의 말과 이론에 더해, 서른일곱 명의 선배들의 사례를 소개할 것입니다. 전문 용어는 되도록 사용하지 않고, 독자 여러분이 스스로에게 대입하여 창조적으로 모방할 수 있도록 노력했습니다.

이 책에는 당장에 효과를 보이는 내용만 있진 않을 것입니다.
하지만 당신이 벽에 부딪혔을 때, 분명 든든한 버팀목이 되어 줄
것입니다.
자, 그럼 꿈과 희망으로 가득한 '1인 기업'의 세계로 초대합니다.

아마다 유키히로

1장

강점을 살려라

2장

콘셉트가 답이다

3장

변화하는 니즈를 파악하라

4장

경쟁하지 말고 독점하라

5장

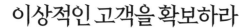

이상적인 고객을 확보하라

6장

커뮤니티를 만들라

7장

스토리가 최강의 무기다

Peter II

1장

강점을 살려라

고객이 곧 사업이듯이, 지식도 사업이다. 물건이나 서비스는 기업이 지닌 지식과 고객이 가진 구매력을 교환하는 매체에 지나지 않는다.

《피터 드러커 창조하는 경영자》

강점 없는
창업은
불황에 버틸 수 없다

1인 기업을 생각하는 사람에게 있어 가장 중요한 것, 바로 '강점'을 기반으로 한 사업을 선택하는 것입니다.

'뭐야, 겨우 그거야······?'라고 생각하는 사람이 있을지도 모릅니다. '장래성이 있는 사업이면 충분하다'라는 의견도 있겠지요. 그런 견해들을 부정하지 않습니다.

경기가 상승세를 타거나 큰 변동이 없는 상황에서는 느끼지 못할 수도 있겠으나, 일단 불경기에 접어들면 고객의 눈은 삽시간에 엄격해져 가격 대비 성능비, 일명 가성비를 따집니다. 불황이 가속화되면 머지않아 업계에서 우위를 점하는 곳만이 살아남습니다. 잔혹하지만 이것이 시장의 현실입니다.

본론으로 들어가기 전에 이 '강점'이란 것이 무엇인지 정의를 내려 둡시다.

이 책에서는 '강점＝이익을 창출하는 원천이 되는 것'으로 정의하고자 합니다. 과거의 경험이나 실적은 엄밀히 말하면 강점이라 하기는 어렵습니다. 강점은 그 자체로 가치를 만들어 내는 것으로, 'ㅇㅇ 능력'으로 바꿔 말할 수 있는 것이라야 합니다.

당연하지만 사업을 이어 가려면 이익이 필요한데, 그 이익은 우연이 아닌 자신이 인식하고 있는 필연적인 강점에서 발생합니다. 피터 드러커는 《21세기 지식경영》에서 "명확하게 드러난 강점에 집중하라"고 말하고 있습니다. '명확하게 드러난' 이 부분이 핵심입니다. 안타깝게도 성과를 내지 못하는 창업가 대부분이 '자신의 강점이 분명하게 드러나지 않은 상태'로 사업을 하고 있습니다.

이쯤에서 뚜렷하게 드러난 강점을 무기 삼아 성과로 연결시킨 사례를 소개하겠습니다.

청첩장*을 기획·제작하는 사업을 하고 있는 스기에 게이코 씨

---

* 일본에서는 초대장을 받은 소수의 사람만이 결혼식에 참석할 수 있다. 초대장에는 참석 여부를 체크하여 회신하는 엽서도 동봉되어 있으며, 회신받은 내용을 토대로 피로연장의 자리를 지정하기 때문에 우리나라의 청첩장과는 달리 특별한 의미를 지닌다. – 옮긴이주, 이하 모든 각주는 옮긴이주임.

(도야마현 다카오시)는 어릴 적부터 다른 사람을 즐겁게 하는 일을 좋아해서 대규모 바비큐 파티를 기획하거나 친구의 생일 파티 계획을 세우는 일이 취미였습니다.

스기에 씨는 스물한 살 때 처음으로 컴퓨터를 사고 회사 생활을 하면서 독학으로 다양한 기술들을 섭렵했습니다. 어느덧 머더보드를 구입하여 컴퓨터를 직접 조립까지 하게 됐지요.

그러던 어느 날 여동생에게 청첩장을 만들어 달라는 부탁을 받는데, 그 일을 계기로 스기에 씨는 청첩장 제작 사업에 나서게 됩니다.

초창기에는 회사를 다니면서 부업으로 인터넷 옥션을 통해 판매했는데, 주문은 한 달에 한두 건 정도였습니다. 그러다 결혼식이 임박한 커플들을 모아 진행하는 이벤트에 참여하게 되고, 거기서 타업체들과의 퀄리티 차이와 고객을 사로잡는 마케팅 격차를 뼈저리게 실감합니다. '이래서는 게임이 안 되겠다'라고 느낀 스기에 씨는, 여태까지 자신에게 내세울 것이 '싼 가격'밖에 없었다는 사실을 통감합니다.

그래서 스기에 씨는 자신의 강점과 가치를 재정비하게 되는데, 이를 나타낸 것이 24쪽의 도표입니다.

· 디자인
· 사람을 기쁘게 하는 일

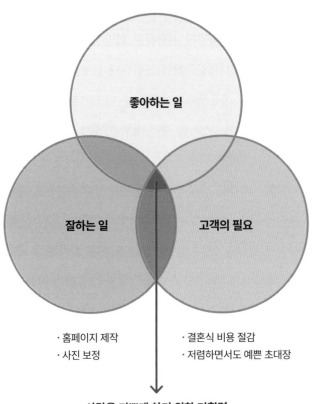

좋아하는 일

잘하는 일

고객의 필요

· 홈페이지 제작
· 사진 보정

· 결혼식 비용 절감
· 저렴하면서도 예쁜 초대장

사람을 기쁘게 하기 위한 기획력

스기에 씨에게는 '좋아하는 일', '잘하는 일', '고객의 필요'로 이루어진 세 개의 원이 겹치는 부분이 '청첩장 제작'이라는 사실을 다시 한 번 확인했습니다.

그때부터 일을 대하는 방식과 마음가짐이 달라졌다고 합니다. 스기에 씨는 "사람을 기쁘게 하기 위한 기획력이 나의 최대 강점이라는 사실을 실감할 수 있었다"라고 이야기합니다.

2014년에 설립하여 현재는 스태프를 두고 운영하는 스기에 씨의 '코코사부'는 전국에서 월 400건 이상의 주문이 들어오는 인기 숍으로 성장하고 있습니다.

먼저 뛰어든 경쟁자가 있는 시장이라도 강점을 제대로 살려 낸다면 그 시차를 메우는 것은 물론이고 스기에 씨처럼 고객들에게 압도적인 지지를 받을 수 있습니다.

피터 드러커는 《피터 드러커 창조하는 경영자》에서 "성과는 유능함이 아닌 시장에서의 리더십으로 얻는다"라고 말합니다. 여기서 말하는 리더십이란 상품이나 서비스의 리더십으로, 다른 상품보다 우선하여 선택되는 현상을 말합니다. 상품의 기능이나 품질, 가격, 대응력 등에서 다른 회사 제품보다 뛰어난 매력이 있다면 그 매력에 이끌린 고객층에서는 충분히 구입할 가치가 있는 제품이 됩니다.

모든 곳에서 일등이 될 필요는 없습니다. 1인 기업에서는 특정 분야, 특정 고객층에게 확실한 리더십을 보여주어야 합니다.

POINT
강점이란, 이익을 창출하는 원천이 되는 것.

강점은
고객이
결정한다

강점을 발견하는 단순하고도 가장 효과적인 방법은 '고객에게 듣는 것'입니다. 창업 전이라면 당신을 잘 아는 가족이나 친구, 거래처 직원도 상관없습니다.

핵심은 독단적으로 자신의 강점을 특정하지 않는 것. 자기 혼자서 결정한 강점은 독선적으로 변하기 쉽고, 고객이 원하는 것과 일치하지 않는 경우가 많기 때문입니다.

지금 소개할 내용은 강점에 관한 인식 차이를 보여주는 사례입니다.

어떤 세무사가 "내 강점은 컨설팅 능력이지" 하고 말했습니다. 하지만 고객은 "언제 전화를 해도 바로 받으세요. 그 즉각적인 대응에 안심이 됩니다"라고 말했습니다. 이렇듯 '자신이 인식하는 강점'과 '고객이 인식하는 강점'이 일치하지 않을 때가 많습니다.

고객에게 강점을 듣는 방법은 간단합니다.

단도직입적으로 "저의 강점이 뭐라고 생각하십니까?" 하고 물어봅시다. 단, 아무한테나 묻지는 마십시오. 지금까지 구축해 온 관계성에 근거하여 솔직하게 대답해 줄 사람에게 물어보시길 바랍니다.

그리고 가능하면 두세 명 이상, 되도록 많은 사람에게 물으십시오. 대답은 저마다 다를지도 모르지만, 반드시 어딘가에 공통점이 있을 것입니다. 그것이 당신의 강점일 가능성이 높습니다.

때로는 자기 자신에게 묻는 방법도 좋습니다. 스스로에게 물을 때는 다음과 같은 질문이 효과적입니다.

Q. 이제까지 일을 하면서 가장 성취감을 느꼈던 사건은?

Q. 일을 하면서 감사했던 적, 즐거웠던 적이 있다면?

Q. 어린 시절(또는 현재), 몰입해서 한 자신 있는 일은?

Q. 어렸을 때 꿈꾸었던 직업은?

Q. 돈을 들여서라도(아니면 돈을 받지 못하더라도) 하고 싶은 것은?

Q. 성공해 온 일, 실패해 온 일이 있다면?

Q. 다른 회사는 미흡하지만 우리 회사는 특별한 노력 없이도 가능한 일은?

Q. 다른 회사는 잘하는데 우리 회사는 심혈을 기울여도 불가능한 일은?

Q. 앞으로 적극적으로 교류하고 싶은 거래처가 내 물건을 사야 하는 이유는?

타인과의 대화 중에 자신의 강점을 발견하게 된 사례를 소개하겠습니다.

굴지의 가전제품 회사에서 고객 상담실 책임자로 근무하고 있던 호리키타 유지 씨(오사카시)는 11년 동안 1만 건 이상의 클레임에 대처해 온 베테랑입니다. 30대 후반에 클레임 대응 컨설턴트로 독립했지만, 이미 동종 업계에서 활약하고 있는 다른 전문가들과의 차별화 전략을 찾느라 고민이었습니다.

호리키타 씨는 회사에 몸담았던 시절의 경험과 실적을 살려 '클레임 대응 교과서'를 출판하기로 결심하고 준비해 나갔지만 안타깝게도 출판사로부터 이렇다 할 반응을 얻지 못했습니다.

이러한 어려움이 수년째 이어져 오던 어느 날의 일입니다. 호리키타 씨와 이야기를 나누던 저는, 그의 발언에서 힌트를 얻었습니다. 여기에 당시의 대화를 옮겨 보겠습니다.

호리키타 씨 클레임에 응대하는 일은 아무나 지속할 수 있는 일은 아닙니다. 대부분 3개월 차에 한 번의 고비가 옵니다. 그 고비를 넘긴 사람은 이어 나갈 수 있지만 대부분의 사람들이 3개월이 못 되어 마음이 무너져 곧바로 그만두고 맙니다.

나 남아 있는 사람은 멘탈이 강하다는 뜻인가요?

호리키타 씨 물론 멘탈이 강한 사람도 있겠습니다만, 모두 다 그렇지는 않습니다. 오히려 저는 지금도 쉽게 흔들리고, 상대방에게 심하게 시달리면 기분이 가라앉는 타입입니다. 클레임에 응대하는 일을 오래 지속하는 사람은 스트레스 관리를 정말 잘합니다. 스트레스를 해소한다기보다는 스트레스와 사이좋게 사귀는 이미지라고 할까요?

나 호리키타 씨는 어떻게 스트레스 관리를 하시나요?

호리키타 씨 저는 머릿속에 떠오른 300가지 정도의 방법을 실제로 실천해 봤습니다. 그중 효과를 실감한 것은 200가지 정도인데 그것을 실천하며 매일매일 극복해 왔습니다. 예를 들어 저는 남성이지만 여성지를 읽으며 기분을 전환한다거나 탄산수를 마셔서 속을 시원하게 만든다거나 하는 식이지요. 가장 효과가 좋았다고 생각하는 것은 커다란 나무 끌어안고 붙어 있기. 지금도 절이나 신사에 가면 곧잘 합니다.

나　바로 그거예요!

호리키타 씨의 진짜 강점이 발휘된 순간이었습니다.

호리키타 씨는 분명 클레임 대처의 달인이지만 사실 그런 사람은 세상에 수두룩합니다. 클레임 대처라는 가혹한 업무 속에서 무의식적으로 드러난 '스트레스와 멋지게 사귀는 생활 습관'이야말로 호리키타 씨의 강점이었던 것입니다.

즉시 지금까지의 방침을 전환하여 출판 기획서를 재작성한 결과, '흥미로워 보이네요!' 하고 곧바로 출판사에서 좋은 반응이 날아왔습니다. 이렇게 《스트레스와 잘 지내는 세상에서 제일 쉬운 방법》이라는 책이 출판되었습니다.

현재 호리키타 씨는 스트레스 매니지먼트 전문가로서 기업 연수나 강연 의뢰가 늘어나 원래 하고 싶었던 클레임 대응 전문가로서의 위치도 확립했을 뿐만 아니라, '스트레스와 클레임 대응 전문가'로서 바쁜 나날을 보내고 있습니다.

이렇게 아무것도 아닌 대화 속에 당신의 진짜 강점이 감춰져 있는 경우가 있습니다. '진정한 강점'을 발견하려면 독선적으로 행동하지 말고 주위를 돌아보는 것이 중요합니다.

피터 드러커는 《피터 드러커 창조하는 경영자》에서 "기업이 팔고자 하는 물건을 고객이 사는 일은 드물다"라고 말합니다.

이 말을 우리는 절대 잊어서는 안 됩니다. 고객이 구입하는 이유는 '불만이나 불편의 해소', '부족함의 충족', '문제의 해결' 때문이며 상품이나 서비스는 그런 문제 해결의 수단에 지나지 않습니다.

POINT

진정한 강점은 평범한 대화 속에도 숨어 있다.

독자화해야
가격 결정권을
지킬 수 있다

1인 기업에서 중요한 것은 가격 경쟁에 휘말리지 않는 것입니다.

가격 결정권을 한 번 놓치면 끝내 시장 논리에 휘둘리는 사태에 직면하게 됩니다. 하청으로 하는 일이 어쩐지 갑갑하다고 느끼는 이유는 이미 예산이 정해져 있어 경영의 자율성이 떨어지고 선택지가 좁기 때문입니다. 이것이 '가격 결정이 곧 경영'이라고 하는 까닭이기도 합니다.

그렇다면 어떻게 해야 이 주도권을 손에 쥘 수 있을까요? 첫 번째는 시장 규모가 작더라도 '단독으로 설 자리'를 확보하는 것입니다. 이 책에서는 홀로 설 자리가 확보되고 유지되는 상태를 '독자화'로 부르고자 합니다.

독자화는 기술이나 스킬을 연마하는 '차별화'와는 다른 개념입니다. 차별화가 '그렇게까지 할 수 있다니!' 같은 반응을 불러일으킨다면, 독자화에 따른 반응은 '저게 뭐야?'입니다. 그 본질은 바로 고객의 니즈를 발동시켜 새로운 시장을 창조하는 데 있습니다.

이쯤에서 '독자화'에 성공한 사례를 소개해 보지요.

니시카와 다카시 씨(도쿄도)는 냉동식품 회사에서의 근무 경력을 살려 냉동식품 전문가로서 창업을 했으며 강연이나 서적, 개인 지도를 통해 가정에서의 냉동 테크닉을 전수하고 있습니다.

채소 소믈리에로 활동했던 경험을 창조적으로 모방한 니시카와 씨는 곧 '냉동 생활 어드바이저' 양성에도 힘을 쏟았습니다. 그 결과 전국에 동료들이 늘어나게 되었고, 이제는 냉동 생활의 매력과 노하우에 대한 반향으로 단숨에 사업 확장세를 보이고 있습니다.

여기서 포인트는 니시카와 씨가 음식점이나 업계 사람과 같은 프로를 대상으로 삼은 것이 아닌, 평범한 사람을 대상자로 결정함으로써 블루 오션(비경쟁 시장)이 되었다는 점입니다. 니시카와 씨의 직함인 '냉동 생활 어드바이저'는 냉동식품 업계에서 일하는 사람이나 전문가가 볼 땐 '저게 뭐야?'라고 했을 것입니다.

다음은 '독자화'를 이루기 위한 네 가지 요소입니다.

① 업계의 비상식, 이상함에 도전하기

업계에는 그 업계만의 불문율이나 규칙이 존재합니다. 그중에는 시대착오적인 규율도 있을 것입니다. 그 틀을 개선하고 발전시켜 새로운 시장을 발굴해 내는 것이 목표입니다.

② 동종 업계 사람이나 고객이 볼 때 귀찮은 일

성가신 일은 어느 시대에서건 일거리가 되기 쉽습니다. 세탁소가 존재하는 이유는 집에서 다림질을 하기가 귀찮기 때문인 것과 같은 이치입니다. 이렇듯 귀찮은 일을 우직하게 계속함으로써 새로운 시장을 개척할 수 있습니다.

③ 외부에서 소득 구조를 알 수 없다

너무 단순한 비즈니스 모델은 곧바로 복제되기 마련입니다. '어디에서 수익을 올리는가', '어떻게 이익을 창출하는가'와 같은 소득 발생 포인트가 베일에 싸여야 독점 시장의 수명이 길어집니다.

독점 시장을 만드는 4요소

① 업계의 비상식, 이상함	**②** 귀찮아 보임
③ 회사 바깥에서는 소득 구조를 알 수 없음	**④** 대기업이 진출하지 않음

④ 대기업이 침입하지 않는 시장 규모

대기업이 새로운 시장에 뛰어들 때 가장 중시하는 부분이 시장 규모입니다. 대기업은 해당 시장을 점유하겠다는 판단이 서면, 이익이 발생하는지 면밀히 계산한 후에 침입합니다. 따라서 1인 기업에서의 시장 규모는 작아야만 합니다. 큰손이 봤을 때 매력적으로 보이지 않도록 하는 것도 사업을 지속하는 비결입니다.

피터 드러커는 《미래사회를 이끌어 가는 기업가 정신》에서 "틈새 전략은 한정된 영역에서 실질적인 독점을 목표로 한다"라고 말합니다.

작더라도 독점할 수 있는 시장에서 사업하는 것을 '틈새 전략'이라고 하는데, 이 '틈새 전략'이야말로 1인 기업에 꼭 맞는 전략입니다. 큰 물고기에게는 답답하고 괴로운 어항일지라도, 작은 물고기에게는 안전하고 쾌적한 장소입니다. 자기 회사에 맞는 규모의 시장을 발견하는 것이 핵심입니다.

POINT

독자화로 '가격 결정권'을 손에 넣기.

기술을
연마해
차별화하라

Peter Drucke

어떻게 해야 '차별화'할 수 있을까?

이 질문은 사업을 하는 사람이라면 누구나 고민하는 문제일 것입니다.

'차별화'하기 위한 가장 간단한 방법은 기술이나 스킬을 연마하는 것입니다. 하지만 막연하게 갈고 닦기만 해서는 고객이 차이를 느끼지 못하고 넘어갈지도 모릅니다.

확실히 달라졌다고 인식할 수 있는 한 가지 지표는 고객이나 동종 업계 사람들로부터 '저렇게까지 가능하다니!' 하는 반응을 얻는 것입니다. '나라면 도저히 불가능할 것 같다'라는 상태가 된다면 충분히 차별화되었다고 할 수 있습니다.

'저렇게까지 가능하다니!'라는 반응을 얻고자 철저히 노력하여 차별화한 사례를 소개하겠습니다.

지바현 나가레야마시에 있는 '오구라 베이커리'의 제빵 장인 준 씨는 식빵 한 덩어리를 99매로 써는 영상을 트위터에 올리자마자 큰 반향을 일으켰습니다. 슬라이스 기술 훈련의 일환으로 시작한 이 챌린지는 47매를 시작으로 77매, 88매, 93매, 95매가 되더니 99매에 이르렀습니다. 트위터로 "앞으로 한 장 더!" 하며 중얼거리는 준 씨의 모습을 지켜보던 사람들로부터 '100장 성공하면 좋겠다!' 하는 응원의 분위기가 형성되었습니다.

그리고 끝내 107장이라는 신기록을 경신하는데, 마침 TV에서 그 모습이 방영되는 순간, 전국 각지에서 축하와 경탄의 소리가 밀려들었습니다. 대다수의 사람들은 이렇게 생각했을 것입니다. '언젠가 저 빵을 먹어 보고 싶어!' 하고 말입니다.

이 사례에서 얻을 수 있는 교훈은 어정쩡한 모양새로는 화제가 되지 않는다는 것입니다. 기술이나 스킬을 제대로 향상시키겠다고 마음먹었다면, 먹고 자는 일마저 잊을 정도의 각오와 흔들리지 않는 패기가 필요합니다.

43쪽의 도표는 사업 영역을 어디에 두어야 하는지, 누구를 고객으로 삼아야 하는지 결정해야 할 때 활용하는 시트입니다. 세

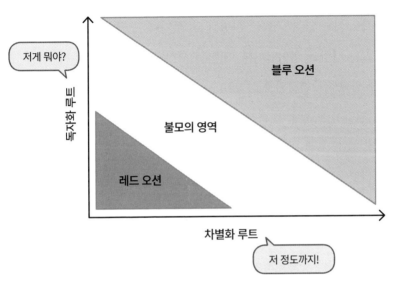

로축은 '독자화', 가로축은 '차별화'를 나타냅니다.

여기서 알 수 있는 사실은 세로축이든 가로축이든 어정쩡한 위치에서는 라이벌들이 엎치락뒤치락하는 '레드 오션(과잉 경쟁)'에서 싸우게 된다는 것입니다. 대량 생산이 가능한 저가 상품이나 저가 서비스를 고를 수 있는 영역입니다. 당연히 대기업도 포함됩니다. 1인 기업에서는 레드 오션에 절대로 기웃거려서는 안 됩니다. 1년도 못 가 손쓸 도리도 없이 퇴출되고 말 것입니다.

그리고 중간에 위치해 있는 것이 '불모의 영역'. 다시 말하면 이도 저도 아닌 영역입니다. '차별화'도 '독자화'도 되지 않아 특징이 없는 사업을 의미합니다. 당연히 고객에게 선택되지 않기 때문에 성과로도 연결되지 않습니다.

1인 기업이 노려야 할 곳은 오른쪽 대각선 위쪽의 '블루 오션'입니다. 블루 오션 안에서도 '이것만은 절대로 지지 않을 영역' 또는 '타깃으로 삼고 싶은 소비자 영역'을 특정해 보십시오.

동시에 '어떻게 블루 오션에 다다를 수 있을지'도 생각해 보시기 바랍니다. 가로축의 차별화 루트를 따르는 것도 좋고, 참신한 아이디어가 있다면 세로축의 독자화 루트를 공략하는 것도 좋겠습니다. 양쪽 모두를 얻는 것은 현실적이지 못하므로 자신이 어느 쪽에 특화되어 있는지 검증한 뒤에 한 걸음 내딛으시길 바랍니다. 최종적으로는 '차별화'와 '독자화'의 균형을 어느 정도 맞추어서 사업 영역과 대상 고객의 폭을 좁혀 갈 수 있다면 이상적일 것입니다.

'차별화'와 '독자화' 모두를 실현시킨 사례가 있습니다.

도쿄 하라주쿠에서 쇼와 시대[*] 초기부터 정미소를 3대째 이어오고 있는 고이케 다다오 씨는 사회보험노무사 자격을 지닌 인사 컨설턴트 회사 출신입니다. 고이케 씨는 선대부터 내려오는 사업을 지속하는 데 있어, 사들인 쌀을 그저 팔기만 해서는 결국 망하고 말겠다는 위기감을 느끼고 있었습니다. 그래서 '쌀 박사 학위'라고 불리는 전문가 자격인 '5성 쌀 명장' 자격을 취득했습니다.

전환점이 된 사건은 2011년 동일본 대지진이었습니다. 쌀 매점으로 쌀이 들어오질 않아 신규 쌀 사업이 곤란해진 탓에 하는 수 없이 고객 개척을 중단했습니다. 대신 남는 시간을 이용해 쌀 관련 이벤트^{**}를 개최하여 그 모습을 SNS와 블로그에 공유했습니다. 그러자 '쌀 프로'라는 인식이 널리 퍼지게 되었고, 시장에 상품이 유통됨과 동시에 고급 초밥집과 일본 요리집을 필두로 주문이 급증했습니다.

이 경험을 통해 고이케 씨의 '강점'은 쌀에 관한 압도적인 지식과 소믈리에를 방불케 하는 표현력으로 쌀 본연의 맛과 매력을 알기 쉽게 전달하는 것임을 실감했으며, 고객들에게도 '남다른

＊　일본 연호의 하나로 히로히토 일왕의 재위 기간인 1926년부터 1989년까지를 말한다.

＊＊ 벼 베기 투어, '오늘날 쌀집의 존재 의미와 쌀의 새로운 가치'를 주제로 한 강연 등 이벤트 내용을 홈페이지에 게시하고 있다. http://komeya.biz/wp/?thirdcat=event#blogcontens

쌀집 아저씨'라는 인식이 생겼다고 합니다.

피터 드러커는 《프로페셔널의 조건》에서 "좁은 범위의 사명, 비전, 가치관을 지녔을 때 비로소 커다란 성과를 올린다"라고 말합니다.

세계를 바꿀 공헌 범위를 넓은 영역이 아닌 특정 영역으로 한정시키는 작업의 중요성을 말하고 있습니다. 1인 기업가의 첫걸음은 보잘 것 없어 보일지 모르지만 세계를 변화시킬 여지는 충분히 있습니다.

POINT
차별화의 이상적인 반응 '저렇게까지 할 수 있다니!'

기업의 이익은

자신이 인식하고 있는

필연적인 강점에서 발생한다.

2장

콘셉트가 답이다

모든 기업은 자기 사업에 대한 정의, 즉 사업과 그 능력에 관한 정의를 내리지 않으면 안 된다. 그리고 모든 사업에서 대가 지불이 예상되는 일이 무엇일지 가려내야 한다. '이건 우리 회사의 일이 아니다', '그건 우리 회사가 일하는 방식이 아니다'처럼 매우 간단하게라도 말이다.

《피터 드러커 창조하는 경영자》

무엇을
위해
창업하는가?

Peter Drucke

"사업의 목적은 곧 고객의 창조이다"(《피터 드러커 매니지먼트》). 이 말은 피터 드러커가 남긴 명언들 중 가장 유명한 메시지 가운데 하나입니다.

'회사원'과 '1인 기업'의 가장 큰 차이점은 무엇일까요? 회사원 은 실적이 다소 부진하더라도 급여가 지급되지 않거나 바로 해고 당하는 일은 없을 것입니다. 하지만 일단 회사를 그만두고 창업 을 하면 '고객의 구매'를 통해 이익을 수반하는 매출을 끊임없이 만들어 내지 않으면 안 됩니다.

그저 '많이 팔리면 좋지' 정도의 단순한 이야기가 아닙니다. 수 익이 나지 않는다고 싸게 팔아 버려서는 사업 자체의 존속이 불 가능하기 때문입니다.

중요한 것은 '적절한 이익이 확보되는 자사의 권장 가격으로 고객에게 판매하는 것'입니다. 권장 가격으로 구매해 줄 소비자를 늘리는 것이 피터 드러커가 말하는 '고객 창조'의 첫걸음입니다. 결국 고객의 존재 자체가 사업이라고 할 수 있습니다.

이익을 수반하는 매출을 늘리는 방법에는 다음의 두 가지가 있습니다.

① 고객의 니즈에 대응한다.
② 고객의 니즈를 만들어 낸다.

여기서 단어를 정의해 둡시다. 피터 드러커는 정의의 중요성을 강조한 사람으로도 알려져 있습니다. 정의 자체가 모호하거나 정의를 잘못 내리면 그 나름의 결과조차 얻지 못합니다.

■ 사업의 목적 = 고객에게 어떤 효과나 가치를 제공할 것인가
■ 경영의 목적 = 창업 동기 또는 고객에게 가치를 제공하여 이루고 싶은 미래상 등

이렇듯 사업은 '제공자 측인 기업'과 '수익자 측인 고객' 쌍방이 존재해야 비로소 성립됩니다. 사업의 목적을 이루려면 모든

결정권을 가진 고객의 니즈에 대응해야 합니다.

경영의 목적은 '무엇을 위해 사업을 하는가'로 바꿔 말할 수 있습니다. 1인 기업에서도 '무엇을 위해'에 대한 답을 분명히 하는 것은 무척 중요합니다. 이 과정은 고객이나 주변 사람들에게 공감을 얻을 뿐만 아니라, 때로 어려움을 극복하게 하는 원동력이 되기도 합니다.

무엇을 위한 사업인지 스스로 납득이 되면, 앞으로 나아가야 할 길도 명확해집니다.

부동산 사업으로 창업한 이래, 1억 엔이 넘는 매출을 내 온 후루이치 모리히사 씨(도쿄도)는 당초 어르신 장보기 대행 서비스로 창업을 했습니다. 영업 사원 8명과 함께 화려하게 시작하여 100명 이상의 회원을 획득했지만, 이용자는 제로. 불과 1년 만에 퇴장 수순을 밟게 되었습니다.

뼈아픈 실패를 통해 전부 탁상공론이었음을 반성한 후루이치 씨는 직원들을 해고하고 다시 혼자가 되기로 했습니다. 이번에는 명성을 좇는 것이 아닌 어르신들의 당장의 어려움을 해결하고자 '5분에 100엔 가사 대행 사업'을 시작합니다.

특히 마음에 남는 의뢰자가 있는데, 누구에게도 기대지 못하고 고립된 채 불안을 안고 사시던 한 어르신은 눈물을 흘리면서 기뻐하셨다고 합니다. 그 모습을 본 후루이치 씨의 머릿속에서는 순간 불이 탁 켜졌습니다. '내가 해야 할 일은, 이분들이 마음 놓고 살 수 있는 사회를 만드는 거야'라고 말이지요. 마치 '벼락에 맞은 듯한 충격'이었다고 합니다.

'사업의 목적'과 '경영의 목적'이 이상적으로 기능한 대표적인 기업 사례가 있다면 바로 애플입니다.

애플의 창업 당시 이념(경영의 목적)은 'Changing the world, one person at a time'으로, '개인이 컴퓨터 능력을 가져 독창성을 발휘할 수 있는 세상을 만들자. 한 사람씩이라도 좋으니 세계를 바꿔 나가자'라는 의미입니다. '사업의 목적'은 시대와 함께 변하고 있음에도 애플이 세상에 내놓은 혁신적인 광고 캠페인 'Think Different'는 공개 후 20년 이상이 지난 지금도 많은 팬들에게 회자되고 있습니다. 그 캠페인에서 '세상을 정말로 바꾸고 싶다는 생각에 미쳤다고 불리는 사람들을 위한 도구를 만들자'라는 흔들리지 않는 각오가 담긴 메시지를 읽어 낼 수 있습니다.

저 자신도 '사업의 목적'을 수년간 모색해 왔습니다. 어느 순간

저에게 상담하러 오는 사람들에게는 크게 세 가지 특징이 있다는 사실을 발견했습니다.

① 한 가지 일에 20년 이상 몰두했던 경험과 화려한 실적이 있다.

② 일에 있어서는 거의 자기실현을 이루고 있다.

③ 인생을 어떻게 보내야 할지 궁리는 하지만 해답을 얻지는 못했다.

이 깨달음을 계기로 '프로페셔널을 위한 라이프 워크, 커뮤니티 만들기'가 저의 사업 영역이 되었습니다. 이 사업에는 새로운 목적의식을 지닌 사람들이 다시금 활기차게 뻗어 나가는 모습을 목도하는 데에 커다란 감동과 희망이 있습니다.

당신은 무엇을 위해 사업을 합니까?

고객에게 어떤 가치를 제공합니까?

POINT

고객의 존재 자체가 사업이다.

시장과
대상을 좁혀
황금 콘셉트를 찾다

Peter Drucke

'엘리베이터 피치'라는 말을 들어 본 적이 있으십니까? 자금을 필요로 하는 창업가가 엘리베이터 안에서 만난 투자자에게 자기 사업의 특징과 매력을 기껏해야 수십 초 안에 어필하는 행위나 테크닉을 말합니다.

이는 1인 기업에서도 마찬가지라서, 창업가가 비즈니스 콘셉트를 장황하게 늘어 놓으면 듣는 쪽은 마음을 쉬이 닫고 맙니다.

요즘은 프레젠테이션 능력이나 표현력이 '고객 확보 능력'만큼의 가치로 여겨지는데, 1인 기업가도 예외는 아닙니다.

사업의 매력을 간단하게 표현할 때 중요한 것은 '콘셉트'입니다. '콘셉트'는 일반적으로 '개념'으로 해석되는데, 비즈니스 업계에서는 '사업을 관통하는 중심 사상, 기본적인 사고방식'과 같은 의미로 사용됩니다. 이 책에서는 콘셉트를 '누구에게, 무엇을, 어떻게 제공할 것인가?'처럼 '사업의 본질을 한마디로 나타내는 것'으로 정의합니다.

콘셉트에는 두 가지 요소가 필요합니다. '신선함(임팩트)'과 '보편성(실현 가능성)'입니다. 콘셉트를 접한 사람이 '어쩐지 참신하고 재미있어 보여. 인상적이야' 하는 감상을 갖게 되어야 바람직합니다.

단, 두 요소의 균형을 어느 쪽으로 잡을 것인지가 포인트입니다. '신선함'과 '임팩트'에 힘을 실으면 시대를 너무 앞서 나가 소수의 사람밖에 이해하지 못합니다. '보편성'과 '실현 가능성'에만 집중하면 '글쎄……그래서?' 하는 인상에 그치고 맙니다.

한편 '신선함'과 '보편성'의 균형을 맞춘 콘셉트는 '그것 괜찮네', '조금 더 들려줘', '원하던 거야' 같은 반응을 불러일으킵니다.

덧붙여서 콘셉트를 전달하는 방법에는 크게 두 가지 방향성이 있습니다. 한 가지는 할리우드 영화처럼 만인에게 사랑받기를 목표로 하는 것. 또 한 가지는 1인 기업과 같이 규모가 작은 시장이나 고객 대상을 특정하는 사업에서 소비되는 것입니다. 1인 기업의 콘셉트는 팔방미인이 되려 하기보다 '이 사람에게만 인정받으면 그만'으로 여기는 결단이 필요합니다.

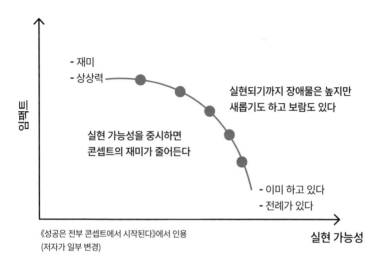

임팩트와 실현 가능성의 상충 관계

- 재미
- 상상력

실현되기까지 장애물은 높지만
새롭기도 하고 보람도 있다

실현 가능성을 중시하면
콘셉트의 재미가 줄어든다

- 이미 하고 있다
- 전례가 있다

임팩트

실현 가능성

《성공은 전부 콘셉트에서 시작된다》에서 인용
(저자가 일부 변경)

콘셉트를 '특정 고객층'으로 과감하게 결단한 좋은 사례가 있습니다.

65세 이상을 대상으로 한 임대 물건을 취급하는 'R65부동산'[*]을 운영하는 야마모토 료 씨(도쿄도)는 근무하던 부동산 회사의 셀

---

[*] 영화나 연극 등의 연령 제한 표시 문자를 나타내는 Rating의 R에 숫자 65를 붙여 '65세 이상이 이용 가능한 부동산'임을 비유하여 나타냈다.

러리맨 생활을 청산하고 창업을 했습니다. '고령'이라는 이유만으로 임대 주택에 입주를 거부당하는 케이스가 많아, 어르신들이 방 찾기에 어려움을 겪는 현상을 타파하고 싶다는 생각으로 시작했다고 합니다.

'고령자 입주 가능한 방 있습니다'라는 이름으로 스타트를 끊은 야마모토 씨의 사업 특징은 '65세 이상 입주 희망자 전문 부동산 회사'로 발전을 이룬 점에 있습니다. 그 사업의 명칭은 'R65 부동산'. 콘셉트를 구성하고 표현해야 할 사업명에 '누구에게, 무엇을' 제공하는지 분명하게 드러나 있을 뿐만 아니라 '고령자도 자기답게 살아갈 수 있는 세상을 만들고 싶다'라는 소망까지 담아냈습니다.

저는 이렇게 시장이나 대상자를 한정시킨 사업 콘셉트를 '황금 콘셉트'라고 부릅니다. '황금 콘셉트'가 있으면 타깃 대상자 쪽에서 먼저 문의가 들어오기 때문에 과도한 광고나 마구잡이식 경영 활동을 대폭 줄일 수 있습니다. 인적 자원이 부족한 1인 기업에서 '황금 콘셉트'는 굉장히 강력한 무기가 됩니다.

피터 드러커는 《프로페셔널의 조건》에서 "자신의 강점을 살리고자 한다면, 그 강점을 중요한 기회로 삼아 집중할 필요가 있음을 인식해야 한다"고 말합니다.

이는 가장 중요한 것에 우선하여 집중적으로 몰두해야 한다는 뜻입니다. 그러려면 '어떤 사업으로 누구에게 도움을 줄 것인가'를 단순하게 표현해 내는 과정이 필요합니다.

POINT
콘셉트에 필요한 것은 '신선함'과 '보편성'.

고객의
변화와 성장을
콘셉트로 활용하라

1인 기업의 콘셉트를 평가하는 지침으로 고객이 어떻게 '변화, 성장'했는가를 중요하게 봅니다. 비포와 애프터를 파악하는 것도 좋습니다. 이러한 '변화, 성장하는 모습'을 간단히 표현해서 황금 콘셉트를 만드는 것입니다.

고객의 변화와 성장 정도를 심플하게 나타낼수록 콘셉트를 전달하기도 쉬워집니다. 몇 가지 구체적인 예를 소개하겠습니다.

- 스포츠 기록이나 사업 실적 등 결과가 수치로 가시화된 것
- 체형이나 체중의 변화와 같은 겉모습
- 자기실현을 포함한 목표 달성 결과 및 프로세스
- 문제나 과제의 해결
- 스트레스의 발산, 해소

변화를 콘셉트의 무기로 사용한 전형적인 사례가 있습니다.

자신의 다이어트 경험을 토대로 '참지 않는 다이어트'를 지도하고 있는 고바야시 가즈유키 씨(사이타마현)는 회사원 시절, 강도 높은 업무와 스트레스로 우울증이 생겼습니다. 오밤중에 과식을 하다 보니 눈 깜짝할 새에 비만 체형이 되었습니다. 이러한 생활에서 벗어나고자 시행착오 끝에 도달한 활동이 무선 조종 비행기였습니다.

고바야시 씨는 '인간은 즐거운 일에 푹 빠지면 먹는 것조차 잊어버린다'라는 사실을 깨닫고, 정신과 다이어트의 관계성에 주목했습니다. 마침내 '참지 않는 다이어트'를 고안하여 2년 동안 25킬로그램 감량에 성공했습니다.

그 후 '다이어트는 마음의 치료에서 시작된다'는 콘셉트를 골자로 '일본멘탈다이어트협회'를 설립하고, 자신의 체험을 통해 다이어트를 지도하는 위치에 이르렀습니다. 저서도 다수 출판되어 일본 전역에서 강연 및 지도 의뢰가 잇달으면서 고바야시 씨는 끝내 창업을 이뤄냈습니다.

위의 사례는 창업가 자신의 변화 모습을 콘셉트로 하여 열매를 맺은 것이지만, 이와 마찬가지로 고객의 변화 모습을 파악하여 콘셉트로 구현시킬 수 있다면 고객을 강력하게 결집시키는 힘이 될 것입니다. 모든 사람을 대상으로 하는 비즈니스가 아니기 때문에 대기업이 손을 뻗칠 일도 없습니다. 황금 콘셉트 덕분에 작지만 시장을 장악할 수 있다는 점이 1인 기업의 매력이기도 합니다.

피터 드러커는《변화 리더의 조건》에서 "고객의 관심은 가치와 욕구와 현실이다"라고 말합니다. 이는 고객의 니즈를 간파하는 것의 중요성을 시사합니다. 경합 상대의 움직임을 주시하면서 자신의 콘셉트에도 녹슬지 않도록 해야 합니다.

POINT
고객이 변화, 성장하는 모습은 공감을 불러일으킨다.

08

'하지 않을 일'을
결정하라

Peter Drucke

피터 드러커는 《피터 드러커 자기경영노트》에서 '경영자가 진짜 해야 하는 일은 우선순위 정하기가 아니다'라고 말합니다. 이 메시지는 사업은 단순히 TO DO LIST를 완수해 나가는 것이 아니며, '무엇을 하지 않을지 고민하는 일'이 중요하다는 것을 가르쳐 줍니다.

어떤 일을 그만두려면 우선 용기가 필요합니다. 당연히 창업 전에 만반의 준비를 해야겠지만 그 이상으로 '이것만은 하지 않겠다' 하는 강한 의지가 요구됩니다.

저 자신도 '하지 말아야 할 일'을 정하지 못하는 타입이라, 이 것저것 필요 이상으로 떠안았던 시기가 있었습니다. 지금 되돌아보면 몸은 하나인데 용케도 여러 가지 일에 손을 댔던 모습에 놀

랄 정도입니다.

저는 서른한 살에 프리랜서 잡지 편집자가 되었지만 좀 더 활약하고 싶은 마음에 작가 활동을 시작했습니다. 원래 회사를 다닐 때부터 글은 쓰고 있었고, 잘하는 일이라고 생각했기 때문에 매우 충실하게 보냈습니다. 하지만 3년 정도 겸업 생활을 이어오다 이런 생각이 들었습니다. '지금 이 스타일 그대로 일을 계속한다면 내 미래는 어떻게 될까?' 하고 말입니다.

그즈음 비즈니스 서적 프로듀싱을 시작하게 되었습니다. '책을 내고 싶다'는 경영자의 강점을 발굴하여 기획서를 작성하고 출판사에 제안 및 프로모션까지 돕는 장기 프로젝트입니다. 다행히 니즈가 있어서 시작된 일이었기에 상상했던 분량 이상의 일을 얻게 되었습니다. 그제야 '당분간 원고 의뢰가 들어와도 거절해야겠다' 하는 결정을 겨우 내릴 수 있었습니다.

'하지 않을 일'을 정하고 나니 본업에 더욱 전념할 수 있었습니다. 마침 월간지였던 잡지 편집 업무가 격월간으로 바뀌었다가, 다시 연 4회 발행하는 계간지로 바뀌면서 출판 프로듀싱이 점점 본업이 되어 갔습니다. 결과적으로 주변 환경도 자연스럽게 도와주었기 때문에 가능했지만 저 스스로 내린 결심도 큰 계기가 되었습니다.

여러 가지 일에 손을 댄 것에 대한 반성은 아직 남았습니다. 출판 프로듀싱을 시작했을 무렵, 설립 4년차의 출판 지원 비영리조직 NPO에 발을 들였습니다. 정신을 차리고 보니 수년 후 사무국을 담당하게 되었고 단체의 이사와 사무국장 역할까지 맡았습니다. 당시에는 내가 이 단체를 도와야 한다는 마음만으로 뛰어든 것 같습니다. 돌아보면 그때 저는 상당한 시간과 노력을 들였고, 온 힘을 쏟았습니다. 결국 NPO 활동은 11년간 이어졌고, 그 덕에 얻은 것도 많습니다. 하지만 가까스로 다음 세대에 배턴을 넘겨주고 나서야 '본업에 집중', '시간적 여유'라는 돈으로도 살 수 없는 가치들을 손에 쥘 수 있었습니다.

'이게 돈벌이가 될 것 같아', '저것도 이득이 될 거야' 같은 유혹을 끊어내고, 자신의 강점을 살릴 수 있는 가장 유력한 후보를 추려 내는 것. 자원이 한정되어 있는 1인 기업에서는 이러한 '선택과 집중' 없이는 실적을 올릴 수 없습니다.

POINT
'이것만은 하지 말아야 할 리스트'를 만들자.

09

독자적인 직함을
개발하라

Peter Drucke

1인 기업에서 다른 회사와 차별화하는 가장 효과적인 방법 중 하나가 '직함'입니다. 그리고 1인 기업은 당신의 존재 자체가 사업이므로 '직함＝콘셉트'라고도 할 수 있습니다.

예를 들면 '경영 컨설턴트'라는 직함이 있습니다. 문자 그대로 경영 전반을 활동 무대로 하는 컨설턴트이지만, 같은 직함을 사용하는 사람은 세상에 차고 넘칩니다. 1인 기업은 '다른 회사에서 따라하지 않는, 따라할 수 없는 존재 되기'를 목표로 하기 때문에 경영 컨설턴트처럼 많은 사람이 사용하는 직함은 별로 추천하지 않습니다.

여기서 소개하는 내용은 어디까지나 한 가지 예시일 뿐, 당신의 강점을 토대로 타깃 고객층을 좀 더 좁혀 제공 가능한 가치를 담은 직함을 정해야 합니다.

강점×대상자×제공 가치 = 독자적인 직함

독자적인 직함을 통해 자신의 입지를 굳힌 사례가 있습니다.

사업 승계 전문 컨설팅 서비스를 제공하는 마쓰자키 노부유키 씨(도쿄도)는 일본 굴지의 물류 회사에서 최연소 대표가 된 경력을 지닌 경영 전문가입니다. 연 매출 30억 엔이있던 사업을 60억 엔 규모로 확장시키고, 내부 문제였던 높은 이직률을 10퍼센트대에서 1퍼센트대로 대폭 다운시킨 실적이 있습니다.

그런 마쓰자키 씨가 43세에 창업을 하면서 고민한 부분이 직함이었습니다. 마쓰자키 씨는 회사에 다닐 때 중소기업 진단사 자격을 취득했지만 그것만으로는 차별성이 없기 때문에 전면으로 들이밀 생각은 없었다고 합니다.

마쓰자키 씨의 사업은 연 매출 50억~100억 엔 규모의 회사를 대상으로, 재고 자산을 파악하고 차세대 간부와 함께 신규 사업을 추진하여 종내에는 사업 승계까지 서포트하는 종합 컨설팅입니다.

사업 초반에는 '신사업 창조 프로듀서'라는 직함을 달고 몇 차례 사용해 보았지만 생각만큼의 반향을 일으키지 못했고, 중요

경영자들의 반응도 뜨뜻미지근했다고 합니다. 그래서 마쓰자키 씨는 자신의 강점, 사업 대상자, 제공 가치를 철저히 분석해 보았습니다.

- 강점 = 럭비로 다진 돌파력과 탁월한 매니지먼트 능력
- 대상자 = 연 매출 50억~100억 엔 규모의 기업 사장
- 제공 가치 = 기업가에게는 안심을, 신규 창업가에게는 자신감을

마침내 마쓰자키 씨가 도출해 낸 직함은 '사업창조사'였습니다. '프로듀서'를 사용했을 때는 어쩐지 가벼워 보였기 때문에 소위 '사짜' 직업을 떠올릴 수 있는 '사'를 이용함으로써 무게감을 더했습니다.

효과는 훌륭했다고 합니다. 이전에는 창업가와 약속이 잡혀도 이야기가 그저 그렇게 흘러가 버렸지만 '사업창조사'로 소개를 시작하고부터는 "상담받고 싶다"라며 상대방의 태도가 달라졌다고 합니다.

마쓰자키 씨는 이렇게 유일무이한 직함을 사용함으로써 명함을 교환할 때부터 자연스럽게 이야기를 풀어갈 수 있게 되었고,

신규 사업 개발 전문가로서 날개를 달게 되었다고 말합니다.

피터 드러커는 《변화 리더의 조건》에서 "환자에게 이익이 되는 일이라면 해야만 한다. 그 수지를 맞추는 것이 우리가 할 일이다"라고 말합니다.

당연히 여기서 환자는 비즈니스에서의 고객입니다. 고객이 들었을 때 자신에게 이익이 되는 이미지를 떠올리게 하는 직함일수록 받아들이기 쉬울 것입니다.

확보하고 싶은 고객을 겨냥한 직함 하나만으로도 효과를 낼 수 있기 때문에 직함은 꼭 공들여 궁리해 보시기 바랍니다.

POINT

다른 회사가 따라하지 못하는 존재가 되자.

10

콘셉트도
정기적으로
재검토하라

Peter Drucker

아무리 완성도가 높고 고객들의 성원을 받는 콘셉트라 할지라 도 시대가 변하면서 그 효과가 미미해지기도 합니다. 그렇게 되 기 전에 콘셉트는 정기적으로 재정비해야 합니다.

여기서 소개하고자 하는 사례는 자신의 직함을 수차례 바꾸어 '독자화'의 포문을 연 후루카와 다케시 씨(도쿄도)의 경우입니다. 후루카와 씨의 스토리는 직함이 창업 콘셉트와 밀접하게 관련 있 음을 보여주므로, 시대의 변화에 발맞춘 콘셉트 만들기의 한 양 식으로서 소개하고자 합니다.

대기업 전기 회사에서 세일즈맨으로 활약하던 후루카와 씨는 비즈니스맨을 대상으로 하는 '코치'로 창업을 했습니다. 그러나 '코치'라는 직함만으로는 뜻대로 사람들이 모이질 않아 돌연 시련의 늪에 빠지게 되었습니다.

그래서 바꾼 직함은 '드림 컨설턴트'였습니다. 꿈을 이루기 위해 목표 설정부터 꿈의 실현까지 서포트하는 것을 이상으로 삼았지만, 고객으로부터 '무엇을 해 줄지 감이 안 잡힌다'라는 피드백을 듣고 직함을 바꾸기로 결심합니다.

그다음은 '세일즈 코치'였습니다. 자신 있는 영업 경험을 살린 세일즈맨을 대상으로 하는 비즈니스 코치였지요. 어느 정도 성과가 있었지만 창업 전에 기대했던 압도적인 성과까지는 도달하지 못해 괴로운 나날을 보냈습니다.

그 후 동기 부여, 모티베이션에 집중했습니다. 당시 컨설팅 회사를 중심으로 '샘물처럼 자기 안에서 솟아나는 지속 가능한 의식'을 동기 부여라고 정의하고, 그것을 자유자재로 다루는 기술이 유행하고 있었습니다. 지금까지의 경험을 활용할 수 있겠다고 판단한 후루카와 씨는 '모티베이션 컨설턴트'라는 직함을 달았습니다. 하지만 고객이 되어 줄 벤처 기업의 사장님들이 "우리부터 모티베이션이 없으면 사업이 시작이나 됐겠습니까"라는 말에 아차 싶었다고 합니다.

콘셉트 재검토로 다급해진 후루카와 씨는 이번에는 선술집을 중심으로 유행하던 '기적의 조례'에 주목했습니다. 기적의 조례는 조례에 참석하는 직원들이 그날 하루의 목표부터 인생의 목표까지 있는 힘껏 소리 내어 외치는 방식으로, 직장에서의 일체감과 개인의 목표 달성 의식을 고취시키는 데 효과가 있다고 알려져 일본 전국에서 관심이 끊이지 않는 인기 콘텐츠였습니다.

후루카와 씨는 곧바로 '조례 코치'가 되어 활동을 시작했지만 곧 치명적인 장애물이 있음을 깨달았습니다. 농담 같지만 실제 상황인데, 사실 후루카와 씨는 조례를 싫어했습니다.

후루카와 씨의 콘셉트 찾기 여정은 계속되었습니다. 후루카와 씨가 어느 날 자신의 코치와 '능숙하지 않던 일을 능숙하게 만든 경험'이라는 주제로 이야기를 나누고 있었습니다. 그 대화를 통해 후루카와 씨는 어떤 일이든 쉽게 질려 하거나 포기해 버리고 마는 자신을 바꾸기 위해 무엇이든 꾸준히 지속하는 '습관화의 기술'을 확립시킨 일이 자신의 강점임을 떠올렸습니다.

그때 코치의 입에서 "습관화, 굉장히 좋네요!" 하는 반응이 나왔고, 수년간 헤매던 후루카와 씨의 콘셉트 찾기에 종지부를 찍는 순간이었습니다. 그래서 '습관화'를 새로운 콘셉트로 잡아 '습관화 컨설턴트'로서 새 출발을 했습니다.

후루카와 씨는 출판 기획안을 작성하고 33개의 출판사에 기획서를 돌렸는데, 11개 출판사에서 반응을 보였다고 합니다. 기획안은 곧바로 채택되어 데뷔작《30일 만에 인생을 바꾼다 '계속하는' 습관》이 출간되었습니다.

콘셉트가 정해지자 지향하는 바가 더 커졌습니다. 습관화를 통해 '인생이 달라졌다!'는 가슴 벅찬 목소리를 세상에 울려 퍼지게 하는 것을 목표로 내건 후루카와 씨는, 그 후로도 오리지널 습관화 방법을 토대로 20권의 책을 출간했습니다. '습관화 컨설턴트'라는 콘셉트는 습관화 컨설턴트가 생긴 이래 10년 이상이 지난 현재까지도 지지받고 있으며, 일본에서는 물론, 책이 번역되어 중국, 한국, 대만, 베트남, 태국에까지 뻗어 나가고 있습니다.

피터 드러커는《피터 드러커 창조하는 경영자》에서 "사업에서 위기나 연약함은 기회가 존재함을 시사한다. 그 위기나 연약함을 문제에서 기회로 전환할 때 이상하리만큼의 성과를 얻게 된다"라고 말합니다.

이는 곧 "완벽한 사업 같은 건 없다"라고 말할 수도 있습니다.

어떤 사업일지라도 부족한 부분, 마이너스 측면은 존재합니다. 후루카와 씨의 콘셉트를 모색하는 과정은 시행착오의 연속이었지만 자기다운 직함을 끊임없이 찾아 새로운 시장이라는 찬스를 손에 넣었습니다. 기민하고도 우직한 대처 덕분에 독보적인 존재가 되어 성과를 불러일으킨 것입니다.

> **POINT**
>
> 시대도 고객도 항상 변화하고 있다.

누구에게,

무엇을,

어떻게 제공할 것인가?

3장

변화하는 니즈를
파악하라

기업가는 변화를 건전하고도 당연한 현상으로 여긴다. 기업가
가 스스로 변화를 일으키리라고 기대할 수는 없다. 오히려 기
업가가 변화를 일으키는 일은 드문 편이다. 하지만 기업가란 변
화를 찾고, 변화에 대응하며, 변화를 기회로 삼을 줄 아는 사
람이다.

《미래사회를 이끌어 가는 기업가 정신》

11

보편적인 니즈와
변화하는 니즈가
겹치는 곳

피터 드러커는 "변하지 않는 것은 고객의 니즈에 대응하는 것 뿐이다"라는 말을 했습니다. 1인 기업에서도 가장 중요한 포인트는 '고객의 니즈에 반응하는 것'입니다.

고객의 니즈에는 '보편적인 니즈'와 '변화하는 니즈' 두 종류가 있습니다. 보편적인 니즈는 인간이 살아가면서 없어서는 안 되며 시대의 영향을 받지 않는 것들을 말하고, 변화하는 니즈는 시대와 함께 내용이 바뀌는 것을 뜻합니다.

예를 들어 '배가 고프다'라는 것은 인간이 살아갈 때 음식 섭취는 필수적이므로 보편적인 니즈입니다. '요즘 인기 있는 그 가게의 라멘이 먹고 싶다'라는 것은 유행이나 취향 등에 따라 달라지므로 변화하는 니즈입니다.

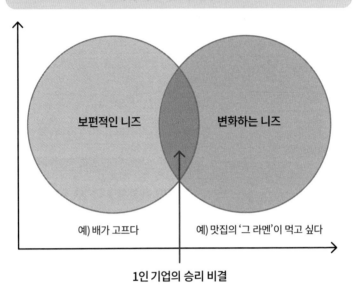

고객의 니즈에는 두 종류가 있다

보편적인 니즈

변화하는 니즈

예) 배가 고프다

예) 맛집의 '그 라멘'이 먹고 싶다

1인 기업의 승리 비결

1인 기업에서는 보편적인 니즈와 변화하는 니즈가 겹치는 부분에 성공의 기회가 있습니다.

보편적인 니즈는 시장 자체가 크기 때문에 자리 잡고 있는 대기업도 많고, 가격 경쟁에 휘말리기 쉽습니다.

반면 변화하는 니즈는 아무리 시장 조사를 했다 해도 목표한 만큼의 결과를 내는 일이 드뭅니다. 시대를 너무 앞서 나간 탓에 만족스러운 결과를 얻기까지 수년이 걸리는 경우도 흔히 있습니다. 이런 상황을 볼 때 양쪽이 겹치는 부분의 니즈는 1인 기업에 꼭 맞는 사업일 것입니다.

그럼 여기서 보편적인 니즈에서 변화하는 니즈를 보기 시작한 모범적인 두 가지 사례를 소개하겠습니다. 일본을 방문하는 해외 관광객을 가정집에 초대해 평범한 식사를 하며 수 시간 동안 교류하는 '홈 비지트' 사업을 하고 있는 구스노키 메구미 씨(도쿄도)는 '식사를 한다'라는 보편적인 니즈에서 '외국인이 일본 보통 가정의 평범한 식사를 경험하고 싶어한다'라는 변화하는 니즈를 발견했습니다. 이로써 지금까지 67개국에서 온 8000명의 여행객과 총 3700채 이상의 일본 가정을 매칭했습니다.

구스노키 씨는 덴마크 사람인 한 파트너의 고향을 방문하여 그곳의 삶을 보고 식사를 함께했던 경험이 놀람과 감동의 연속이었다고 합니다. '일본을 찾는 여행객들에게도 그런 경험을 선사하고 싶다'라는 생각에서 사업을 시작했다고 합니다.

해외 관광객뿐만 아니라 호스트 역할의 일본인들에게서도 '시야가 넓어졌다', '외국인을 바라보는 눈이 달라졌다'와 같은 호의적인 후기가 많았던 점도 구스노키 씨에게 든든한 뒷받침이 되었다고 합니다.

현대병이라고도 할 수 있는 고민 중 한 가지가 '수면'입니다. 최근에는 '수면 부채'라는 키워드까지 등장하며, 수면 부족이 생명에 지장을 주는 질환의 발병 위험성을 높이고 삶의 질을 저하시킬 수 있다는 연구가 활발하게 진행되고 있습니다.

이렇게 '푹 자지 못 한다', '수면 시간을 확보할 수 없다'와 같은 고민을 해결하기 위해 나선 사람이 바로 베개 전문 온라인 숍을 운영하는 가와모토 도모유키 씨(지바현)입니다.

가와모토 씨가 직장에 다니던 시절, 새로 사서 바꾼 베개 때문에 목이 아팠던 경험이 계기가 되어 베개 전문 포털 사이트를 열게 되었고, 이윽고 '쾌적한 수면을 보장하는 베개 만들기를 비전으로 삼겠다'라는 마음으로 창업을 결심했습니다.

현재 가와모토 씨가 취급하는 베개는 약 800점. 자체 생산 베개 개발에도 여념이 없으며, 창업 이래 15년 이상 줄곧 흑자 경영을 이어 오고 있습니다.

베개는 보급률 100퍼센트인 초성숙시장인 데다 교체가 빈번한 품목도 아니지만, 가와모토 씨는 베개에 커다란 희망을 품으며 그 가능성을 믿고 있습니다. 다음 발언에 그의 신념이 고스란히 담겨 있습니다.

"인간에게 가장 중요한 부분인 머리를 베개가 매일 점령하고 있는 이상, 그것은 머지않아 건강 진단이나 사회생활 지원이 가능한 생활 인프라가 될 것입니다."

피터 드러커는 《미래사회를 이끌어 가는 기업가 정신》에서 "사람이 이용 방법을 깨달아 경제적인 가치를 부여하지 않는 이상, 그 어떤 것도 자원이 될 수 없다"고 말합니다.

가정에서의 식사나 베개와 같은 보편적인 니즈에 새로운 가능성을 보기 시작한 구스노키 씨와 가와모토 씨는 기존에 존재하던 것에 지금껏 없던 의미를 부여하여 사업을 전개했습니다.

이와 같이 보편적인 니즈에 충실하게 응답함과 동시에 변화하는 니즈를 발견하여 사업으로 발전시키는 것도 1인 기업의 매력입니다.

> **POINT**
> 원래 있던 것에서 새로운 가치를 발견하다.

12

변화의 조짐은
곧 기회다

Peter Drucke

변화하는 니즈를 지혜롭게 잘 파악하여 대응하면 그곳은 당신만의 독점 시장이 됩니다. 변화하는 니즈를 집중 겨냥하기가 쉽지만은 않지만 무슨 일이 있어도 해내겠다는 각오로 사업을 지속한다면 다른 회사가 넘볼 수 없는 큰 어드밴티지로 작용하기 때문입니다.

변화하는 니즈를 간파하는 데는 피터 드러커가 《21세기 지식경영》에 남긴 다음의 메시지가 힌트가 됩니다.

"변화는 컨트롤할 수 없다. 변화의 앞에 서는 것만이 가능할 뿐이다."

이는 변화는 '일으키는 것'이라기보다 '변화의 조짐을 살펴 알아채는 것'이라고 할 수 있을지도 모릅니다. 눈앞에서 벌어지는 현상이나 고객의 반응 등 수많은 정보를 접하고 아직 체계화되지 않은 상태에서 미래를 예측하는 것. 거기에 저 나름의 해석을 덧붙이자면, 피터 드러커가 말하는 변화의 조짐은 다음 세 가지 항목을 실천하여 알아챌 수 있습니다.

① 버릴 용기를 지닐 것
② 끊임없이 개선할 것
③ 자신의 사업과 다른 회사의 성공 사례를 비교 분석할 것

여기서 변화의 조짐을 간파하여 효과적인 터닝 포인트로 삼은 사례를 소개하려 합니다. 컨설팅 회사에서 유료 노인 시설 운영을 담당하다가 노인 돌봄 용품을 기획하고 판매하는 사업으로 창업한 나카무라 다이치 씨(가나가와현)는 다양한 연구를 진행한 끝에 욕창 방지 매트를 개발했습니다.

탁월한 기능성 효과로 노인 돌봄 사업자들에게 좋은 평가를 받았지만, 10만 엔이라는 가격이 걸림돌이 되어 결국 한 장도 팔지 못하고 사업을 접어야 했습니다. 그 당시 나카무라 씨는 혼자서는 감당하기 힘든 막대한 빚까지 떠안고 있었습니다.

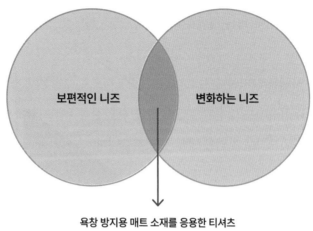

변화하는 니즈를 잡은 방법

보편적인 니즈

변화하는 니즈

욕창 방지용 매트 소재를 응용한 티셔츠
↓
운동선수를 위한 피로 회복 웨어

전환점이 된 것은 한 장의 티셔츠였습니다. 노인 돌봄 현장에서 잔뜩 지친 요양사들을 위해 욕창 방지 매트와 똑같은 소재로 티셔츠를 제작하고 있었는데, 세계적으로 유명한 헬스클럽 체인인 '골드 짐'이 이를 주목한 것입니다. 이야기는 속전속결로 진행되어 '입고 자기만 해도 피로가 회복된다'라는 콘셉트의 피로 회복 웨어로 발매되었고 공전의 히트를 기록했습니다. 욕창 방지 매트 기술이 하룻밤 만에 피로를 회복하고 싶어 하는 운동선수들의 니즈에 부합했던 것입니다. 포인트는 매트로만 고집하지 않고 (버릴 용기), 피로 회복 웨어로의 가능성으로 전환(개선)한 점에 있습니다.

이 사례를 그저 행운으로 여길지, 창조적으로 모방하여 자신의 것으로 삼을지는 당신에게 달려 있습니다. 물론 1인 기업에 어울리는 마인드가 후자임은 말할 것도 없습니다.

피터 드러커는 《피터 드러커 창조하는 경영자》를 통해 "기업이나 산업에서 위협적으로 보이는 새로운 사태에야말로 감춰진 기회가 존재한다"고 말하고 있습니다. 위기로 보이는 변화가 생겼다면 동시에 새로운 니즈가 발생했음을 의미합니다. 우리 회사에서 안 되었다면 다른 회사의 의견을 들어야 합니다. 실의의 밑바닥에서 시작해 재기에 성공한 나카무라 씨의 경험은 정말이지 많은 가르침을 줍니다.

> **POINT**
> '변화의 조짐'이 기회가 된다.

13

상담을 통해
니즈를
발견하라

사업 수완이 있는 사람이란 '니즈를 파악하는 능력'이 뛰어난 사람이라고도 할 수 있습니다. 니즈 파악 능력을 몸에 배게 하는 마법 같은 비결은 없습니다. 일터에서는 물론이고, 일상생활의 모든 곳에서 '무언가 실마리는 없을까' 하고 사냥감을 좇는 사냥꾼처럼 니즈를 탐색해야 할 뿐입니다.

그렇다면 어떻게 니즈를 찾아낼까요?

대표적인 방법으로는 '상담자가 되어보는 것'입니다. 무슨 주제이든 상관없습니다. 상담을 받는 상대는 당신을 '그 분야의 전문가'로 생각할 테니, 죽어도 못하겠다 할 정도가 아니라면 우선 유쾌하게 받아들여 보십시오.

상담은 가볍게 치부해 버리는 경우가 많기 때문에 '이런 게 돈이 될 리 없어' 하고 무의식중에 마음의 문을 닫아 버리기도 합니다. 그때는 가족이나 친한 지인에게 "나한테 상담받을 만한 게 뭐가 있을까?" 하고 편하게 물어보는 것도 좋습니다. 상담 영역은 분야를 가리지 않습니다. 당신의 기술뿐만 아니라 때로는 성격도 중시됩니다. '이야기를 잘 들어줄 것 같다'와 같은 의견도 당신에게 상담받을 충분한 이유가 됩니다.

'상담'에서 '사업'으로 나아간 저의 사례를 들려드리겠습니다.

창업 지원 정보지 《안토레》의 편집 부원으로 매일같이 창업가들의 취재를 다니던 저는, 취재 현장에서 '언젠가 책을 내고 싶다'는 창업자들의 이야기를 듣게 되었습니다. 실제로 수일 후에 출판 기획안을 보내 주신 분도 계셨을 만큼 그분들의 절실한 마음을 느낄 수 있었습니다. 하지만 당시 저는 잡지 편집 경험은 있었지만 책을 만들어 본 경험은 없었습니다.

그래서 생각한 것이 '책을 출간하고 싶어 하는 분과 출판사를 연결하는 역할'이었습니다. 출판을 하고 싶다는 니즈를 접수하고 기획안을 작성하여 출판사에 제안하는 것입니다. 기획안이 채택되면 뒤에서 집필을 돕고 출판 후에는 함께 판촉 전략을 짰습니다. 이러한 일련의 과정을 패키지로 묶어 선보이자 상상 이상의 반응을 얻게 되었고, 어느새 잡지 편집 업무보다 큰 비중의 사업

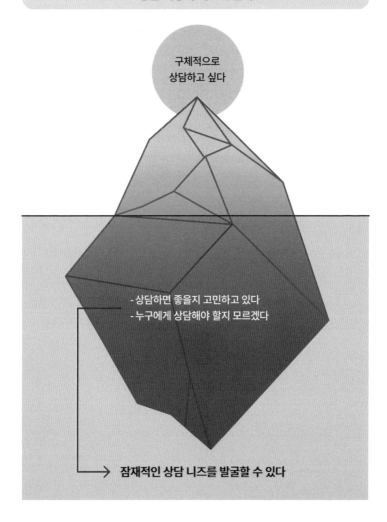

구체적으로
상담하고 싶다

- 상담하면 좋을지 고민하고 있다
- 누구에게 상담해야 할지 모르겠다

잠재적인 상담 니즈를 발굴할 수 있다

으로 발전했던 경험이 있습니다.

이렇듯 타인에게서 구체적인 니즈에 대한 요청이 밀려온다면 비즈니스로 발전할 가능성이 높습니다. 처음에는 손에 꼽히는 정도일지라도 그것은 빙산의 일각일지도 모릅니다. 수면 아래에서는 '상담을 해 봐야 할지 고민이다', '상담을 원하지만 상담자를 못 찾겠다'와 같은 생각을 하는 사람도 적지 않기 때문입니다.

자신에게 의뢰하는 상담이 아니더라도 니즈를 발견할 방법은 있습니다. 예를 들어 '주택 대출 차환 상담이 늘고 있다'라는 뉴스가 있다고 하겠습니다. 그런 상황이 일어나는 이유나 배경을 살피면서 니즈의 발생 가설을 세우는 것도 한 가지 방법입니다.

이때 주택 대출 차환 상담이 늘고 있다는 상황은 어디까지나 니즈 발견을 위한 표면적인 소재라는 사실을 기억하는 것이 중요합니다. 우선 그 상황이 벌어진 이유와 배경을 탐색해 봅시다. 언뜻 떠오르는 것만 해도 '금리 상승 불안', '육아 환경 불안', '노후 불안'과 같은 항목들이 있습니다.

다음은 그 항목들을 '그렇다면……'으로 연결시켰을 때 그려지는 미래상을 생각해 봅시다. 그러자 '고용 연장', '평생 현역'과 같

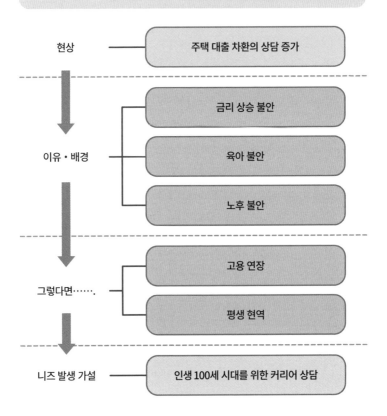

뉴스를 토대로 니즈를 찾아내는 방법

현상	주택 대출 차환의 상담 증가
이유 · 배경	금리 상승 불안
	육아 불안
	노후 불안
그렇다면…….	고용 연장
	평생 현역
니즈 발생 가설	인생 100세 시대를 위한 커리어 상담

은 키워드가 떠올랐다고 해 보지요.

마지막으로, 떠오른 키워드들을 토대로 자신이 제공할 수 있을 만한 일들과 짝지어 보십시오. 그것이 니즈의 발생 가설이 됩니다. 앞서 이야기한 예시의 경우, 주택 대출 차환은 '커리어와 밀접한 관련이 있지 않을까?'와 같은 가설이 떠올랐다면, 거기에 당신의 강점을 접목시키면 좋습니다. 예를 들어 '인생 100세 시대를 위한 커리어 상담'이라고 하면 앞으로 수요가 많아질 듯하지 않습니까.

피터 드러커는 《경영의 실제》에서 "'우리의 사업은 무엇이 될 것인가'에 관한 물음을 꺼내지 않으면 안 된다"라고 말합니다. 이제부터 펼칠 사업은 어떤 가능성을 품고 있을까. 구체적인 상담까지는 아니더라도 니즈가 될 만한 싹이 무엇일지 간파할 수는 있습니다. 역사를 되돌아보면 극히 작은 변화를 알아차려 커다란 사업 발전을 이룬 사례가 무수히 많습니다. 상담은 미래의 찬스라는 사실을 잊지 말았으면 합니다.

> **POINT**
> '상담의 낮은 문턱' 자체도 가치가 된다.

14

사람들은
귀찮은 일에
돈을 쓴다

Peter Drucke

세무사는 번잡한 세금 계산을 대행하는 업무를 하기도 합니다. 변리사는 때로 수백 페이지에 이르는 특허 출원 서류를 준비하고 신청하는 절차를 진행합니다. 각각 겉으로 보기엔 단순한 작업처럼 보이지만 절대 간단하지 않은, 직설적으로 말하자면 '귀찮은 일'입니다. 하지만 그렇기 때문에 돈을 지불해서라도 의뢰를 하는 것입니다. 이렇듯 '귀찮은 일'을 대행하면 그것이 사업이 됩니다.

고령자의 거주 주택을 중심으로 정원의 제초 작업이나 가지치기로 사업을 꾸린 미야모토 시게 씨(군마현)는 문자 그대로 성가신 일을 대행하는 일로 창업을 했습니다. 하지만 미야모토 씨가 사업을 시작하던 2009년 당시에는 제초하는 일에 돈을 쓰는 문화가 없었습니다. 그래서 창업 초기 수년 동안은 고객 확보에 애를 먹었지만 매일 같이 전단지를 돌리며 점차 자리를 잡아 갔다고 합니다.

첫해에 월 10건 정도였던 의뢰가 현재는 10배 규모로 성장했습니다. 조경 산업에 종사했던 경력자들을 채용하면서부터는 정원수 전정(剪定)에까지 영역을 확대하면서 사업으로서 본격화가 진행되었습니다. 프로 조원 업자에게 부탁할 정도는 아니지만 정원의 거슬리는 간지러운 부분을 해결해 주는 전문가 집단으로 위치를 확립했습니다.

미야모토 씨의 사업 특징은 방문 범위와 대상을 간에쓰 자동차 도로의 마에바시 IC에서 반경 5킬로미터 이내에 있는 개인 주택으로 압축한 것입니다. 게다가 기본요금은 3000엔, 제초 작업은 1평방미터당 100엔, 가지치기는 한 그루당 1000엔부터로 가격을 공개했습니다. 그 덕분에 본래 있던 조원 업자들과 경쟁하지 않을 수 있었습니다. 현재는 제초 관리를 업으로 삼고 싶어 하는 사람들을 위해 전국 16개 지역에서 '제초 마이스터'를 육성하는 활동까지 하게 되었습니다.

제초 작업처럼 부탁하기 어려운 일이 1인 기업에서는 사업이

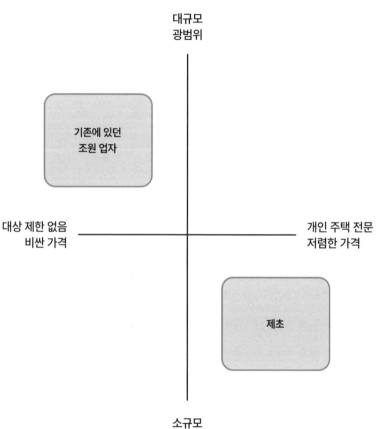

대규모
광범위

대상 제한 없음
비싼 가격

개인 주택 전문
저렴한 가격

기존에 있던
조원 업자

제초

소규모
반경 5킬로미터 이내

됩니다. 벌초도 그중 한 가지일 것입니다. '고향의 산소가 어떤 상태일지 걱정된다', '바빠서 좀처럼 고향에 내려가지 못 한다', '산소 벌초는 중노동이다'와 같은 사람들의 니즈를 충족시키는 서비스로서 현재 전국 각지에서 시행되고 있습니다.

이와 같은 사례를 통해 배울 점은 '누군가 하지 않으면 안 되는 일'이 사업 아이템이 된다는 것입니다. 귀찮은 일, 선뜻 부탁하기 어려운 일은 일상생활이나 비즈니스 상황에 무수히 많습니다. 귀찮은 일 리스트를 메모하는 등 평소에 눈여겨 두면 어느 날 '이거 다!' 싶은 순간이 찾아올지도 모릅니다.

피터 드러커는 《미래사회를 이끌어 가는 기업가 정신》에서 "기업가로서 성공하는 사람은, 그 목적이 돈이든 권력이든 또는 호기심이든 명성이든 가치를 창조하여 사회에 공헌하고자 한다. 그 지향점은 크다. 이미 존재하는 것을 수정하거나 개선하는 정도로는 만족하지 않는다"라고 말합니다.

제초 작업이나 벌초도 예전에는 존재하지 않던 사업이었습니다. 그러나 시대의 변화에 따라 사업으로 성립되었습니다. 무엇을 가지고 어떤 니즈에 대응하여 어떻게 공헌할 것인가. 이 물음은 1인 기업에서도 항상 염두에 두어야 할 주제입니다. '귀찮은 일'과 '니즈'가 겹치면서도 당신의 강점을 살릴 수 있는 시장을 발견하시기 바랍니다.

POINT

'부탁하기 어려운 일'은 미래의 사업이 된다.

15

특수한 니즈는
언제나
사업이 된다

1인 기업에서는 특정 고객층의 '특수한 니즈'에 부응하는 것만으로도 고수익을 올릴 수 있습니다. 특수한 니즈란, 만족하지 못할 때(해결되지 않을 때) 고객에게 커다란 지장이 발생하는 것을 말합니다. 거기에 자신의 강점까지 무기로 응대해 줄 수 있다면 해당 시장에서 유일무이한 존재가 되는 일은 식은 죽 먹기입니다.

예를 들면 앞서 소개한 제초 작업도 도시에서는 정원 딸린 주택이나 공터가 적기 때문에 지금은 특수한 니즈라고 하겠지요. 하지만 쉴 새 없이 자라는 잡초를 계속 방치하면 이웃에게 폐를 끼치고, 풀의 종류에 따라서는 사람 키만큼 자라기 때문에 볕이 들기도 어려울 뿐만 아니라 해충 발생의 원인이 될지도 모릅니다. 좋든지 싫든지 간에 누군가 풀은 제거해야 합니다.

이와 같이 특수한 니즈는 수요가 많지 않기 때문에 시간이 지나도 시장 규모가 커지기는 힘듭니다. 따라서 대기업과 경합을 벌일 가능성이 적다는 점이 장점입니다. 특수한 니즈에 해당하는 일로 피아노 조율사 같은 직업을 들 수 있는데, 대상자가 한정되어 있기 때문에 1인 기업에 걸맞은 사업에 포함됩니다.

이쯤에서 보편적인 일은 아님을 충분히 알 수 있는, 문자 그대로 '특수한 니즈'를 사업 아이템으로 삼은 사례를 소개하겠습니다.

2003년에 디자인 회사를 그만두고 중고 라디오 카세트 전문점을 개업한 마쓰자키 준이치 씨(도쿄도)는 레트로 가전제품 마니아였습니다. 특히 1926년부터 1989년까지를 이르는 쇼와 시대에 유행했던 라디오 카세트 수집가로 유명했습니다.

창업 후 수년간은 생각만큼 수익이 나지 않아 고생했는데, 어느 날 지바시의 어린이 과학관에서 전자 제품 오브제를 테마로 하는 전시 작업을 의뢰받은 일이 마중물이 되어 사업이 급물살을 타게 되었습니다.

그 후 마쓰자키 씨는 매장 운영에 그치지 않고 NHK 방송국의 아침 드라마에 등장하는 가전제품의 시대적 고증을 맡고 연출까지 하게 되었습니다. 2017년부터는 마쓰자키 씨가 만든 라디오 카세트 브랜드 'MY WAY'를 시작으로, 새로운 가전제품 제안을 시도하고 있습니다.

마쓰자키 씨의 중고 라디오 카세트 판매, 전시 업무, 드라마의 시대 고증 및 감수 등은 모두 특수한 니즈에 꼭 들어맞습니다. 어느 시대에나 특수한 니즈에 대응할 수 있는 사람은 한정되어 있기 때문에 한 번 인식되면 꾸준히 의뢰받는 점도 특징입니다.

또 시대와 함께 특수한 니즈 그 자체도 변화하므로, '변화하는 니즈×특수한 니즈'라는 두 축을 발판으로 대상 고객의 범위를 좁혀 나가면 자신만이 독점 가능한 시장을 구축하는 계기로 발전할 것입니다.

피터 드러커는 《피터 드러커 창조하는 경영자》에서 "경영적 성과는 경기의 좋고 나쁨에 휘둘리는 것이 아니다. 사람에 의해 실현되는 것이다"라고 말하고 있습니다. 이 한 문장에서, 분명한 고객의 니즈가 있는 한 설령 불황에 빠질지라도 사업은 지속되리라는 점을 깨달을 수 있습니다.

16

동종 업계에서
하기 싫어하는 일을
주목하라

Peter Drucker

라이벌이 적은 분야의 니즈를 파악한 다음에는 '동종 업계 사람들이 하고 싶어 하지 않는 일'에 주목해야 합니다. 그 일이 하기 싫은 배경으로는 다음과 같은 이유를 들 수 있습니다.

■ 창업했을 즈음에는 곧잘 했지만, 고객 응대가 귀찮아졌다.

■ 수고에 비해 돈벌이가 적다(시간이 걸린다).

■ 과거에 고객에게서 클레임이 있었다.

■ 앞으로 다가올 시대에는 맞지 않다(수요의 감소).

■ 체력적으로 지친다(신체적·정신적).

이 항목들은 그저 '하기 싫다'는 감정적인 이유일 뿐 사업이 성립되지 않는 이유는 아닙니다. 대부분 하기 싫어하지만 수요가 있다면, 일정 고객의 니즈는 있을 테니 누군가 적극 대응하면 사업이 성립됩니다.

기본적으로 다른 회사가 잠입하지 않는(못하는) 시장에서는 가격 경쟁이 일어나지 않습니다. 따라서 고객의 니즈를 제대로 받아들여 진실하게 대응하면 결국 신뢰 관계가 생기고, 당신의 팬이 됩니다. 이러한 관계성은 1인 기업의 이상형으로도 불립니다. 다른 회사가 하고 싶어 하지 않는 일에 과감하게 도전함으로써 독점 가능한 시장을 쟁취할 기회를 얻기 때문입니다.

또 얼핏 봐서는 '돈벌이가 될 것 같지 않다'라고 생각하게 만드는 것이 포인트이며, 동시에 '눈에 띄지 않고 소리 없이 돈을 버는 모양새'라야 바람직합니다. 화려한 모습을 보여주는 것이 창업하는 맛일지도 모르겠지만 그러다 보면 경쟁자에게 알짜 사업 아이템을 들켜 버리고, 대기업이 막대한 자금력과 인재들을 동원해 순식간에 시장을 삼켜 버릴 위험도 없지 않습니다. 동종 업계 사람들에게서 "그렇게 힘든 일을 용케도 하는군요"와 같은 반응을 얻어 낼 수 있다면 가장 좋습니다.

이와 같이 얼핏 봐서는 돈이 안 될 것 같은 일에서 곁길을 사업 아이템으로 삼은 사람이 있습니다.

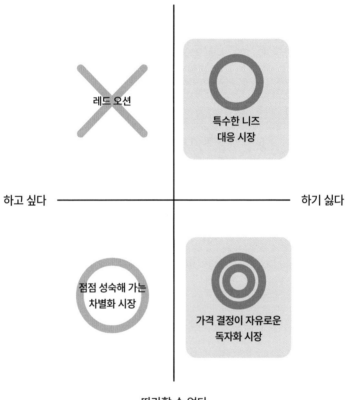

스스로를 '노마드 생선 장수'라고 칭하며, 점포를 내지 않고도 물 좋은 생선으로 비즈니스를 펼치고 있는 아사이 가즈히로 씨(도쿄도)입니다. 그는 평범한 사람들에게 생선 고르는 비법을 알려 주거나 결혼식 피로연에서 참다랑어 해체 쇼를 진행하는 등 다채로운 아이디어로 미디어에서도 주목하고 있습니다.

아사이 씨는 본래 수산 시장에서 중간 상인으로 일하다가 도쿄도 내의 수산물 취급 상사로 이직했습니다. 어느 날 지인의 홈 파티에서 사용할 생선을 골라 주자 지인이 무척 만족스러워 한 일이 있었습니다. 이를 계기로 점포에 구애받지 않는 신선한 생선 유통 비즈니스를 모색하게 되었습니다. 마침 출산 휴가 중이었던 아내가 이벤트 기획 회사의 경력을 살려 사업 PR과 판촉을 담당하면서 단숨에 사업의 지평이 넓어졌다고 합니다.

수산물 매매업자 입장에서는 아사이 씨처럼 점포가 없으면 거래 금액도 적기 때문에 아무래도 홀대하기 쉽습니다. 결혼식장에서 해체 쇼를 하더라도 실제 진행하기까지 결혼식장과 수차례씩 미팅해야 하는 등 판매 업무 외에도 커뮤니케이션 능력과 치밀함까지도 요구됩니다.

그럼에도 해외 관광객을 대상으로 한 수산 시장 투어가 인기를 끌어 큰 매출을 올렸고, 아사이 씨의 사업 토대를 지탱해 주는 서비스가 되었다고 합니다. 그리고 지금까지의 판매 형식이 아닌 고객의 자택이나 이벤트 공간 등으로 오늘 잡은 생선을 들고 출장을 가, 그 자리에서 제공하는 서비스도 호평 일색입니다. 이러한 부가가치를 창출한 점이 일반 소비자를 대상으로 단가를 높게 책정한 사업의 성립 요인인 듯합니다.

아사이 씨가 선택한 사업에는 감춰진 니즈가 있었습니다. 그리고 '동종 업자들이 하고 싶어 하지 않는 사업'이었기 때문에 이렇게까지 화제가 되었다고 할 수 있습니다.

피터 드러커는 《넥스트 소사이어티》에서 "모든 조직에게 가장 중요한 정보는, 자사 제품을 사용하지 않는 비고객의 정보이다. 변화는 논커스터머(noncustomer)*의 세계에서 일어난다"라고 말합니다.

비고객들을 '논커스터머'라고 부른 피터 드러커는 마케팅의 힌트가 그들에게 있음을 지적했습니다. 겉으로 드러난 커스터머

＊ 자사의 제품을 이용하지 않는 비고객층.

가 아닌, 아직 마음을 잡지 못하고 잠재해 있는 논커스터머를 찾아내는 것도 새로운 시장을 개척하는 기술이라 할 것입니다.

POINT

'돈벌이가 될 것 같지 않다'는 이미지는 독자화할 수 있는 기회다.

17

고객이
모르는 니즈를
사업화하려면

Peter Drucke

고객에게 '어떤 가치를 제공할 것인가'에 대한 고민은 1인 기업에서 경영자인 자신의 몫입니다. 고객에게 제공할 가치를 찾기 위해서는 어떤 니즈가 있는지 철저하게 밝힐 필요가 있습니다.

이미 드러나 있는 니즈에 대응하기는 쉽지만 고객이 모르는 영역을 사업화하려면 '니즈 자체를 만들어 내는 것'이 필요합니다. 이것이 실현되었을 때 피터 드러커가 말하는 '고객 창조'로 이어집니다.

취미가 도화선이 되어 아직 드러나지 않은 니즈를 새로운 사업으로 발전시킨 사례를 소개해 보겠습니다.

자고 있는 아기 주변에 배경이나 소품을 두고 촬영하는 '낮잠 아트'를 고안해 낸 아오키 미노리 씨(도쿄도) 이야기입니다. 첫 아들이 태어난 뒤 취미로 찍기 시작한 낮잠 아트를 블로그에 올렸는데, 전국의 엄마들에게 열광적인 지지를 받으며 수개월 뒤에 《내 아이의 낮잠 아트》라는 책을 출간하게 되었습니다. 이후 버라이어티 프로그램에 출연하며 각종 미디어에서도 화제가 되어 작품은 물론이고, 대기업에서도 촬영 이벤트 요청이 물밀 듯이 들어왔습니다.

아오키 씨는 2013년에 '낮잠 아트로 전 세계의 엄마와 아기를 미소 짓게 하기'를 사명으로 하는 '사단법인 일본낮잠아트협회'를 설립하였고, 협회 인정 강사 육성과 더불어 기업에 작품을 제공하는 등의 활동을 하고 있습니다.

아오키 씨 혼자 시작한 이 사업은 현재 일본 전역에 500명이 넘는 강사를 배출할 만큼 성장했습니다. 거기에는 '지금 시기에만 볼 수 있는 아이의 모습을 사진에 담아 평생의 추억을 만들고 싶다', '촬영 기술을 익혀 일하고 싶다', '촬영 이벤트로 엄마들과 연합하고 싶다'는 니즈를 발굴하여 강사와 고객이 함께 사업을 창조해 나간 배경이 있습니다.

1인 기업에서 고객에게 제공하는 가치의 스타일은 크게 세 가

1인 기업의 세 가지 가치 창조 모델

	제공형 가치	대응형 가치	공동 창조형 가치
특징	이미 상품이나 메뉴가 정해져 있다.	고객의 니즈를 듣고 대응한다.	제공하는 측과 고객 측 쌍방이 연합해야 비로소 목표가 달성된다.
장점	상품이나 서비스를 사전에 준비할수 있다. 변경하는 수고가 없다.	고객의 요구 사항을 듣는 일 외에는 품이 들지 않는다.	서로가 함께 참여하기 때문에 만족도가 높다.
단점	급한 요구 사항 등 개별적으로 대응할 수 없다.	그때그때 요구를 들어야 하는 수고로움이 있다.	정해진 형식이 없기 때문에 막대한 시간이 든다.
대표적인 사업	음식점	미용실	경영 컨설팅

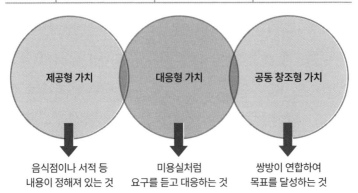

음식점이나 서적 등 내용이 정해져 있는 것 · 미용실처럼 요구를 듣고 대응하는 것 · 쌍방이 연합하여 목표를 달성하는 것

지로 분류할 수 있습니다.

첫 번째는 '제공형 가치'입니다. 제공형 가치는 소매점이나 식당, 서점과 같이 이미 상품이나 메뉴, 내용이 정해져 있는 경우를 말합니다. 굳이 표현하자면 일방통행으로, 단순히 제공하는 형식에 주안점을 둔 것입니다. 대량 생산이 가능하므로 대기업이 자리 잡고 있는 시장에 많다는 특징이 있습니다.

두 번째는 '대응형 가치'입니다. 대응형 가치는 미용실처럼 고객의 요구를 듣고 응대하는 형식입니다. 마사지 숍에서 '뭉친 목과 어깨를 풀어 주었으면 좋겠다'와 같은 니즈에 응하는 것도 '대응형 가치'입니다. 중소기업의 대부분은 대응형 가치를 제공한다고 할 수 있습니다.

세 번째는 '공동 창조형 가치'입니다. 공동 창조형 가치는 낮잠 아트처럼 고객을 발굴하는 측과 고객 측 쌍방이 서로 연합할 때 목표가 달성되는 형식을 말합니다. 고객이 행동하지 않으면 결과가 나오지 않는 경영 컨설팅 등은 부가가치의 질로 평가받기 때문에 전형적인 공동 창조형 가치 모델이라고 할 수 있습니다.

구체적인 상품이나 서비스를 생각하고 있다면 반드시 이 세 가지 가치 창조 모델도 함께 고려해 보시길 바랍니다.

POINT

혼자만의 취미가 커다란 사업이 된다.

4장

경쟁하지 말고
독점하라

틈새 전략은 한정된 영역에서 실질적인 독점을 노린다. 틈새 전략은 경쟁에 면역이 생기는 것을 목표로 하며 도전을 받아들이는 일조차 없도록 한다.

《미래사회를 이끌어 가는 기업가 정신》

18

작더라도
독점할 수 있는
시장을 노려라

전략이란 '누구에게(시장)', '무엇을(상품)', '어떻게(유통 경로)' 제공할 것인가로 정해집니다. 1인 기업도 예외는 아닙니다. 극단적으로 말하자면 '어떤 시장을 선택할 것인가'로 사업의 성패가 결판나 버리고 맙니다.

회사원이라면 지금 담당하는 업무가 잘 진행되지 않더라도 이직할 수 있겠지만, 일단 창업을 했다면 멈춰 서거나 도중에 방향을 전환하려고 할 때 꽤 많은 힘이 필요합니다. 특히 시장에 관해서는 사전조사를 시행한 다음에 진지하게 결정하십시오.

1인 기업에서 시장의 본질을 판가름하는 방법은 무척 간단합니다. 작더라도 좋으니 라이벌이나 대기업이 침투하지 않아 독점할 수 있는(가능성이 있는) 시장이어야 합니다.

독점할 수 있는 시장인지 판별하는 방법에는 크게 세 가지 단계가 있습니다.

① 시장을 되도록 세분화하기

규모가 큰 시장에서는 라이벌과 공존하게 되어, 끝내 가격 경쟁에 내몰리고 맙니다. 큰 시장은 대기업의 위험도 도사리고 있기 때문에 1인 기업가가 살아남기에는 험난합니다. 그럴 때 기존의 시장을 가능한 한 세분화해 보십시오.

세분화의 기준은 무엇이든 상관없습니다. 고객의 특성도 좋고, 상품이나 지역의 압축 등 모든 요소가 기준이 됩니다. 세상에 존재하는 '전문점'이라고 불리는 가게들은 시장을 가능한 한 세분화하여 탄생한 것입니다. 이 기회에 그 전문점들은 어떠한 배경으로 현재까지 이르렀는지 연구해 보십시오.

② 독점 가능할 것 같은 시장을 선택하기

시장을 세분화했다면 사업할 가치가 있는지 하나씩 검증해야 합니다. 검증할 때는 '강점을 살릴 수 있는가', '변화하는 니즈에 대응할 수 있는가'를 기준으로 정하십시오. 유행하는 아이템은 매력적으로 보이지만 다른 회사에서도 뛰어들 것입니다. 그러므로 명확한 차별화 포인트 또는 진입 장벽의 구축 여부를 중점적으로 살펴야 합니다.

③ 선택한 시장에 이름 붙이기

독점할 수 있는 시장을 발견했다면 그 시장에 이름을 붙여 봅시다. 이름을 붙이면 '새로운 시장'이라는 인식을 퍼뜨리기 쉽습니다.

이 세 가지 단계를 구현시킨 사례를 소개하겠습니다.

모자 디자이너로 활약하고 있는 나카지마 유키 씨(도쿄도)는 어릴 적부터 양복 만드는 일에 친숙했는데, 양재를 좋아하는 사람들이 모일 만한 공간을 만들고 싶어서 창업을 결심했습니다. 나카지마 씨는 양재 경력 50년을 훌쩍 넘는, 그야말로 베테랑인 어머니 기미코 씨의 도움을 받아 2011년에 게이오선 센가와역 근처에 '양재+카페' 스타일의 가게를 오픈했습니다.

나카지마 씨가 다양한 용도에 맞게 사용할 수 있도록 20대가 넘는 재봉틀을 구비해 두고, 재봉 작업 사이사이에 한숨 돌릴 수 있는 카페 공간을 마련하자 '이런 가게를 기다리고 있었다'라며

먼 곳에서도 방문해 주는 팬들이 서서히 늘어났다고 합니다.

당초에는 시범 운영 방식으로 시작했는데 전문 재봉사가 되기를 바라기보다 '일자로 박음질을 하고 싶다', '걸레를 누벼 만들고 싶다'와 같은 소소한 니즈가 많다는 사실을 파악하여 고객이 만들고 싶은 것을 보조하는 일에 전념하게 되었답니다. 빈손으로 들러도 되는 소탈함까지 매력으로 더해져 현재는 계절 맞춤 워크숍 등 각종 미디어에서도 즐겨 찾는 인기 가게로 성장하고 있습니다.

이처럼 카페와 양재는 각각 커다란 마켓을 형성하고 있지만 두 가지를 합한 것만으로 '양재 카페'라는 그동안 본 적 없는 유니크한 시장이 생겼습니다. 나카지마 씨가 카페에서 아르바이트를 했던 경험, 어릴 때부터 양재에 익숙한 강점을 십분 발휘한 점도 놓칠 수 없는 포인트입니다. 무엇보다 고객의 니즈를 파악하여 유연하게 대응한 자세는 앞으로 창업하는 사람들에게 소중한 가르침이 될 것입니다.

피터 드러커는 《피터 드러커 창조하는 경영자》를 통해 "고객과 시장을 알고 있는 사람은 그저 한 사람, 고객 자신이다"라고 말합니다. 비즈니스란 고객의 마음속을 측량하여 새로운 상품과 서비스를 세상에 내놓는 행위라고도 할 수 있는데, 실제적인 니즈를 묻는 행위는 그 이상으로 중요합니다. 부디 탁상공론에서 멈추지 말고, 타깃 고객을 발견하면 적극적으로 다가가시길 바랍니다.

POINT

만들어진 시장의 '이름을 붙인 장본인'이 되자.

19

시장 규모가
작을수록
유리하다

1인 기업에서 '시장 규모'는 굉장히 중요한 지표 중 하나입니다. 되도록 작은 시장을 선택하는 것이 현명합니다.

큰 시장에는 대기업을 필두로 한 강력한 라이벌이 존재하며, 끝끝내 가격 경쟁을 벌이는 일이 많기 때문입니다. 작은 시장에는 기본적으로 대기업이 침입하지 않고, 차별화가 제대로 되어 있다면 가격 경쟁에 휘말릴 일도 없습니다. 그러므로 1인 기업에서는 시장 규모가 작을수록 유리하다고 할 수 있습니다.

제가 몸담고 있는 출판업계도 한때는 2조 엔을 뛰어넘는 규모였지만 최근 20년 동안 시장 규모가 40퍼센트나 축소되어 이제는 사양산업의 대명사가 되었습니다. 그렇다고 저의 일이 사라졌는가 하면 그렇지는 않습니다.

원래 출판업계는 일부 대기업을 제외하고는 영세한 중소기업의 집합체입니다. 이상적인 고객들과 좋은 관계를 맺어왔다면 회사가 꿋꿋하게 버틸 정도의 사업은 지속될 수 있습니다. 시장의 축소나 악화를 핑계 삼으면 중요한 비즈니스 기회를 놓쳐 버립니다.

여기서 작은 시장 규모에서 성공한 사례를 소개하겠습니다.

나카가와 케이지 씨(도쿄도)는 미용사에서 컨설팅 회사 사원으로 이직했지만 실적이 부진하여 우울 증세를 보이고 있었습니다. 거기에 동일본 대지진 관련 보도를 접하면서 충격을 받아, '누구에게도 고마운 존재가 되지 못하는 나 같은 인간이 살아도 되는 걸까' 하며 심각한 자기혐오에 빠져 있었다고 합니다.

그러던 어느 날, 나카가와 씨가 목욕을 마치고 훈도시*를 묶는데 마음 깊은 곳에서 울렁이는 감정이 꿈틀거리더랍니다. 머지 않아 '편한 홈웨어로서 최적인 훈도시를 만들어야겠다' 하는 아이디어가 떠올라 퇴직을 하고 훈도시의 기획과 제조를 담당하는 회사를 설립합니다. 이것이 훈도시의 쾌적함과 매력을 알

＊ 성인 남자가 입는 일본 전통 속옷으로 폭이 좁고 긴 천을 말한다. 스모 선수들이 착용하는 마와시라는 복장도 훈도시의 일종이다.

리는 스타일리시한 훈도시, '샤레훈(Sharefun)'**의 탄생 스토리입
니다.

나카가와 씨에 따르면 훈도시의 시장 점유율은 속옷 시장 전
체의 0.1퍼센트 정도에 불과합니다. 대기업이 뛰어들지 않는 이
유도 납득이 됩니다. 하지만 나카가와 씨는 일본인의 일상에서
멀어져 버린 훈도시 문화를 다음 세대에 전수해 주어야 한다는
사명감으로 '일본훈도시협회'를 설립하고, 《인생은 훈도시 한 장
으로 바뀔 수 있다》라는 책을 출판했습니다. 그러자 다양한 미
디어에 소개되며 일종의 '훈도시 붐'이 일었습니다.

그런데 훈도시가 보편화되는 기쁨은 잠시, 뒤쫓아 추격해 오는
다른 훈도시 브랜드에 위기감을 느끼고 브랜드 쇄신을 하기로 마
음먹었습니다.

'편안한 수면을 원하는 성인 여성'을 대상으로 하는 브랜드
를 론칭하여, 창업 초기 90퍼센트를 차지하던 남성 고객에서
여성 고객으로 타깃을 전환한 것입니다. 훈도시는 고무줄을 전
혀 사용하지 않기 때문에 압박감이 없고, 수면에 불편함을 주

** 스타일리시하고 멋지다는 뜻을 지닌 일본어 '오샤레'와 훈도시의 '훈'을 합하여 만든 브랜드명.

지 않는 것이 최대 장점입니다. 그리고 유기농 면, 린넨 등의 소재는 후쿠시마나 이와테 연안과 같은 동북 재해 지역에서 생산자와 직접 연결해 철저히 관리, 제조해 제품에 스토리를 부여했습니다.

또 나카가와 씨는 라쿠텐, 아마존 등을 통한 판매를 멈추고 자사 사이트로만 거래할 수 있도록 타사와의 차별화를 꾀했습니다. 이로써 가격 경쟁에도 휘말리지 않는 환경을 구축했습니다.

나카가와 씨의 성공 요인은 작은 시장으로 눈을 돌린 것만이 아닙니다. 작은 시장 안에서도 '훈도시×세련됨×여성'이라는 그보다 더 세분화한 시장을 찾았다는 점에 의미가 있습니다. 세분화 항목이 많아질수록 시장은 작아집니다. '여성 타깃의 세련된 훈도시'라는 것만으로도 화제성이 있기 때문에 미디어의 취재 열기가 덩달아 높아지는 현상도 이해가 됩니다.

피터 드러커는 《피터 드러커 창조하는 경영자》에서 "'누가 살 것인가'뿐만이 아닌, '어디서 살 것인가', '무엇을 위해 살 것인가'를 살펴야 하는 시점이 있다"라고 말하고 있습니다. 많은 기업들은 '누가', '어디에서' 살 것인가에 대해서는 치열하게 고민하지만 '무엇을 위해 살 것인가'에 관해서는 다각도로 파악하거나 깊이 파고들지 않는 경우가 적지 않습니다.

얼핏 봐서는 별로라고 여길 법한 훈도시라는 아이템에 새로운 가치를 부여하여 시장을 개척한 것처럼 '무엇을 위해'를 골똘히 궁리함으로써 새로운 니즈를 찾아낼 수 있습니다.

POINT
시장의 축소나 악화를 핑계 삼지 않는다.

20

돈 버는 구조를
보이지 마라

Peter Drucke

중국 본토에서 해외로 이주한 사람들을 '화교'라고 하는데 그들은 틀림없는 비즈니스의 달인입니다. 화교들이 모이는 장소에는 반드시 돈 버는 이야기가 넘쳐 납니다.

오시로 다이 씨는 일본인으로는 유일하게 화교계 거물의 제자로 인정받아 화교의 발상법과 생활 방식을 말하는 화교류(華僑流)로 많은 서적을 출판했습니다. 그에 의하면 화교의 특징은 '눈에 띄지 않고 소리 없이 돈을 번다'고 합니다.

필요 이상으로 두드러지면 사람들이 많이 뛰어들어 비즈니스 가치가 떨어져 버릴 위험성이 있기 때문입니다.

화교는 하나의 회사가 덩치가 커지는 것을 선호하지 않습니다. 복수의 회사를 만들어 어느 회사가 어떤 사업을 하고 있는지, 주변에서 돈 버는 구조를 알 수 없도록 주의하기 위함입니다.

이러한 발상은 1인 기업에서도 유효합니다. 혼자서 몇 개의 회사를 운영하기는 힘들지만 한 개의 회사에서 복수의 사업을 굴리는 것은 가능합니다. 이 방식이 결과적으로 대기업에 대한 진입 장벽으로 작용한 사례를 소개하겠습니다.

대기업 전기 회사에서 시스템 엔지니어로 근무했던 하라 마사유키 씨(도쿄도)는 본인 스스로도 "회사를 정년까지 다닐 생각이었다"라고 말합니다. 그러던 어느 날 스타트업 벤처 창업가들이 모인 이벤트 자리에 참가하면서 창업가가 특별한 사람이라기보다는 친숙한 존재라는 인식을 갖게 되었답니다. 마인드의 변화가 생긴 하라 씨는 오래지 않아 독립을 이뤘습니다.

창업 초기에는 기업 연수 프로그램 강사로 뛰었지만 자녀가 태어나면서 초등학생과 중학생을 대상으로 하는 프로그래밍 교실을 열었습니다. 입소문을 듣고 찾아오는 학생들의 모습에 힘입어 현재는 온라인 스쿨을 개교할 만큼 성장했습니다. 더불어서 회사를 다닐 때 익힌 기술을 살려 기업의 시스템 개발 수주도 맡기 시작했습니다.

이렇게 하라 씨는 크게 세 가지 분야를 통해 돈을 벌면서 사업이 보다 안정되었다고 합니다. 모든 사업 영역에 현재적, 잠재적 니즈가 있었던 점, 강점에 기반을 두고 있던 점도 놓칠 수 없는 포인트입니다.

주변에서 보면 도대체 어떤 분야의 전문가인지 알기 어려웠겠지만, 그래서 하라 씨는 좋았습니다. 마치 '세 개의 화살'처럼 강력한 사업을 복수로 지니고 있기 때문에 위험을 분산시킬 수도 있고, 라이벌이 한 군데라도 줄어들어야 결과적으로 사업을 존속시킬 수 있기 때문입니다.

피터 드러커는 《피터 드러커 창조하는 경영자》에서 "전문화와 다각화의 균형이 사업의 범위를 규정한다"고 말합니다. 피터 드러커 이론의 특징은 '전문화'와 '다각화'는 상반되는 것이 아니라 '공존 가능한 것'으로 인식한다는 점에 있습니다.

전문 능력을 습득하려면 노력과 시간, 비용을 필요로 합니다. 이에 따라 비용 대비 최대 효과를 이끌어 내기 위해서는 습득한 노하우를 여러 모양으로 활용하는 것이 가장 좋은데, 이것을 피터 드러커는 '다각화'로 정의하고 있습니다. 1인 기업에서도 '다각화는 유효하다'는 사실을 기억하시길 바랍니다.

POINT

'눈에 띄지 않고 돈 벌기'가 1인 기업의 진면목이다.

21

번거로운 일은
장래의
독점 시장이다

Peter Drucker

사업을 펼칠 이렇다 할 특정 시장이 떠오르지 않을 때 추천하는 방법이 있습니다. 관심을 두고 있는 사업과 관련된 일 중에 '손이 많이 가고 힘들어 보이는 일'을 써 내려가 보십시오. 그 일들이 장래의 독점 시장으로 이어질 가능성이 있습니다.

손이 간다는 것은 귀찮다는 말입니다. 이른 아침이나 밤늦게 일하는 사람을 보고 '힘들겠다'라고 생각한 일이 적잖이 있을 테지요. 그럼에도 '손이 간다=귀찮다', '힘들어 보인다=하고 싶지 않다'와 같은 사람들의 감정을 눈여겨보면 새로운 시장을 개척하는 계기가 됩니다.

예를 들어 3장에서 언급했던 '벌초'는 전형적인 귀찮은 일입니다. 누수처럼 긴급한 성격의 일도 아닙니다. 그렇다고 자기가 직접 하자니 고되고 성가십니다. 바로 그 일을 제3자가 대행해 줌으로 새로운 시장을 탄생시켰습니다.

최근에는 청소 대행, 가사 대행, 해외 송금 대행 서비스도 성황입니다. 독특한 사례로, 스마트폰을 새로 바꿨을 때 애플리케이션의 이동이나 신규 컴퓨터 설정 대행과 같은 서비스도 어느 정도 니즈가 있는 듯합니다.

이밖에도 시간이 걸리고 번거로워 보이는 일로 성공한 사례를 소개하겠습니다.

금융 관련 회사에서 근무하던 다니 가즈미 씨(가나가와현)는 프로 킥복싱 선수인 남편 루카스 씨를 위해 시합 전에 걸치는 가운과 복서 팬츠를 디자인하고 손수 봉제해 주었습니다. 그야말로 독학으로 시작했지만 개성 넘치는 디자인으로 주목받아 '나도 하나 만들고 싶다!'는 요구가 들려오기 시작했다고 합니다.

이런 일이 계속 이어지자 스폰서 로고를 붙이는 일에도 수요가 있다는 사실을 알게 되었습니다. 매출이 일정 궤도에 오르기까지 힘든 일도 있었지만 웹사이트와 블로그에 착실하게 기록해 나가면서 전국 각지에서 의뢰가 날아 들어오게 되었고, 현재는 킥복싱 선수뿐만 아니라 프로 레슬링이나 각종 격투기 의상 전반을 맡아 제작하고 있습니다. 다니 씨는 회사를 그만두고 '격투기 의상 1인 메이커'로서 독립을 이루었고, 지금까지 2000벌에 달하는 제작 건수를 달성했습니다.

선수들을 위해 제작하는 모든 의상은 단 한 벌뿐입니다. 다니 씨는 물론이고 선수도 고집스럽게 원하는 바가 있기 때문에 완성까지 끈기가 필요하고 손이 많이 가는 일입니다. 다니 씨는 그 일을 우직하고 진중하게 감내하여 선수들에게 신뢰를 얻고 있습니다.

다니 씨의 강점은 우선 프로 킥복싱 선수를 남편으로 두었기에 사용자의 생생한 후기를 들을 수 있다는 것입니다. 게다가 중학생 시절에 열렬히 좋아했던 밴드의 라이브 콘서트에 가기 위해 의상을 만들었던 경험이 도움이 되었습니다. 또 인터넷을 효과적으로 활용하여 수주부터 납품까지의 과정을 합리적으로 처리한 데 있습니다.

다니 씨의 사례를 통해 배울 점은, 의상의 소재는 저렴할지 모르지만 고객의 니즈에 맞추어 디자인하고 봉제하여 무엇과도 바꿀 수 없는 가치 있는 상품으로 만들어 낸 것입니다. 대량 생산은 못하지만 부가가치가 높은 비싼 단가의 상품이 이렇게 탄생했습니다. 소비자의 개별적인 주문을 받아 만드는 오더 메이드처럼 손이 많이 가는 일은 새로운 시장을 만들어 낼 가능성이 숨어 있습니다.

피터 드러커는 《경영의 실제》에서 "고객이 사업의 토대이며, 사업의 존재를 지탱한다. 고객만이 수요를 창출한다"라고 말하고 있습니다.

현존하는 물건의 새로운 쓰임새를 발견하거나, 기존의 물건과 또 다른 물건을 결합하여 새로운 무언가를 만들어 경제적인 효과(이익)를 내는 것을 '혁신'이라고 말합니다. 이러한 모든 일의 공통된 특징은 처음에는 보잘 것 없어 보이는 작은 깨달음을 계기로 시작된다는 것입니다.

POINT

대량 생산이 불가능한 물건에도 가치가 있다.

22

업계 상식을
뒤집는 일에
기회가 있다

PETER DRUCKE

고객의 니즈에 기반을 둔 사업을 꾸려 가는 동안 다양한 도전을 요구받는 일도 적지 않습니다. 도전에는 '용기'가 필요한데 그중에서도 '업계의 상식을 깨뜨리는 일'은 고객과의 신뢰 관계가 형성되어 있어야 비로소 실현 가능한 레벨의 일입니다.

업계의 상식을 깨뜨리는 일은 자사만의 독점 시장을 만들어 내는 또 하나의 방법이기도 합니다. '업계 상식 타파하기'에는 두 종류가 있습니다. 업계의 '비상식에 대한 도전', 업계 자체를 부정하는 듯 보이는 '이상함에 대한 도전'입니다.

먼저 당신이 일하는 업계의 상식을 적어 봅시다. 거기서 정반대 위치에 있는 비상식이나 조금 벗어난 이상함을 가능한 만큼 떠올려 보시기 바랍니다.

역사가 깊은 업계일수록 여러 가지 불문율이 존재하고 선배들이 이룩해 둔 상식으로 얽혀 있습니다.

예를 들면 앞서 몇 차례 등장한 출판 업계에도 이전부터 이어져 오는 수많은 상식과 관습이 있습니다. 그중에서도 출판사와 서점의 관계에 주목해 보면, 출판사 입장에서는 자사의 상품인 책을 판매하는 서점이 최대 파트너입니다. 출판 업계는 출판사와 서점이 함께 존재하고, 함께 번영하면서 발전해 왔다고 할 수 있습니다. 인터넷 서점의 점유율이 해마다 높아지고 있지만 그 또한 서점임에는 변함이 없습니다. 즉, 출판사에게 서점은 절대 떼려야 뗄 수 없는 존재입니다.

그런데 이러한 출판 업계의 상식에서 벗어나 독자적인 비즈니스 모델로 자신만의 길을 걷고 있는 사례를 소개하겠습니다. 2006년에 설립된 '다이렉트출판'이라는 출판사가 있습니다. 이 회사의 최대 특징은 자사 웹사이트에서만 책을 판매한다는 것입니다.

주로 미출간된 해외 비즈니스 서적을 번역하여 출판하는 다이렉트출판의 책은 서점이나 아마존에서는 찾아볼 수 없습니다. 공개되지 않아 상세한 재무 상황은 알지 못하나, 월간 2980엔을 내야 하는 회원제 비즈니스 제도인 점이나 책 한 권에 3000엔이 넘는 단가로 판매하는 점으로 미루어 볼 때 수익률이 높으리라는 것은 의심의 여지가 없습니다. 물론 판권 사용료나 번역 대금, 제작 비용도 영향이 있기 때문에 무리한 단순 비교는 불가능하다는 점은 감안해 주시길 바랍니다.

여기서 주목할 것은, 서점과의 관계가 있는 기존 출판사는 절대로 도입할 수 없는 비즈니스 모델이라는 점입니다. 지금이야 점차 출판사 자체 사이트에서 책을 판매하는 일이 드물지 않게 되었지만 대부분 '서점과의 병행 판매'가 전제되어 있습니다. 즉 서점이라는 파트너와의 관계가 지속되는 이상, '서점에서 판매하지 않는 책'은 만들고 싶어도 만들 수 없다는 것이 상식입니다. 다이렉트출판은 그 업계의 비상식에 도전한 사례라고 할 것입니다.

그렇다 하더라도 비상식에 도전하는 일에는 위험이 따릅니다. 동종 업계의 압력이 있을 수도 있고, 저항 세력도 존재합니다. 바로 이럴 때 추천하고 싶은 방법이 비상식까지는 아니지만 '지금까지의 상식과는 다른(누구도 하지 않은) 일'에 도전하는 것입니다.

정면 돌파로 부딪히기보다 아이디어와 노력으로 승부를 본 한 사례를 소개하겠습니다.

의료기관 전문 컨설팅 회사에서 근무하던 이토 세이이치로 씨(도쿄도)는 탁월한 프레젠테이션 능력 덕분에 다른 회사와 경합을 치르는 공모에서 십중팔구 패배를 모르는 잘나가는 세일즈맨이었습니다.

그런 이토 씨가 창업 아이템으로 선택한 것은 프레젠테이션 강사 및 컨설턴트였습니다. 하지만 창업 초기에는 개점 휴업 상태인 날이 많았다고 합니다. 이에 이토 씨는 독자적으로 구축한 프레젠테이션 이론을 정리한 책을 출간하려는 계획을 세웠습니다. 이토 씨가 선택한 테마인 《버스 여행 가이드처럼 말하는 프레젠테이션 기술》은 수많은 프레젠테이션 관련 서적 중에서도 독보적인 존재감을 뽐냈고 이색적인 내용으로 가득했습니다.

왜 버스 여행 가이드일까요? 이토 씨에 따르면 버스 여행 가이드의 설명에는 프레젠테이션에 필요한 요소가 모두 들어 있기 때문이라고 합니다. '목적지가 어디인지(결론)', '가는 길목에 어떤 재미 요소가 있는지(논점)', '결국 남는 기념품은 무엇인지(인상에 남는 것)'와 같은 내용이 모두 담긴 버스 여행 가이드의 특징을 발견했을 때 '버스 여행 가이드야말로 프레젠테이션의 달인'이라는 결론에 도달했다고 합니다.

이렇게 이토 씨의 이론과 버스 여행 가이드의 프레젠테이션 이론을 융합하여 《버스 여행 가이드처럼 말하는 프레젠테이션 기술》이라는 책이 탄생했습니다. 출판사에 기획안을 보내자마자 채택되어 그토록 바라던 출판을 실현시킨 것입니다. 이후 TV와 라디오 등 다양한 매체에서 '독특하다'는 호평을 받으며 기업 연수 의뢰까지 급증했고, 이제는 인기 강사로 활약하고 있습니다.

이토 씨는 프레젠테이션의 상식을 조금 다른 각도에서 조명함으로써 새로운 시장을 개척할 수 있었습니다. 즉흥적인 수준의 기획이라고 여길 수도 있겠으나, 이토 씨는 자신의 기획을 성립시키기까지 수십 번의 버스 투어를 다니며 버스 여행 가이드의 프레젠테이션 테크닉을 연구했다고 합니다.

피터 드러커는 《미래사회를 이끌어 가는 기업가 정신》을 통해 "혁신은 초점을 맞추고 단순하게 이루어 가야 한다", "기업가라면 체계적인 혁신을 시행해야 한다"라고 이야기합니다.

피터 드러커의 이론과도 일맥상통하는데, 이토 씨 역시 기획의 초점을 '버스 여행 가이드'라는 한 가지로 추렸고, 곧바로 적용할 수 있는 내용으로 체계화한 것이 독자화로 이어졌습니다. 특히 1인 기업과 같은 스몰 비즈니스에는 업계의 상식을 뒤엎는 일이나 누구도 하지 않은 일에 성공의 기회가 있습니다.

POINT

상식의 이면에 찬스가 있다.

작더라도 라이벌이나
대기업이 침투하지 않아
독점할 수 있는 시장을
노려야 한다.

5장

이상적인 고객을
확보하라

고객은 누구인가, 어디에 있는가, 어떻게 구입하는가, 고객은
무엇을 가치 있게 여기는가, 고객의 어떠한 목적을 만족시킬
것인가.

《피터 드러커 창조하는 경영자》

23

이상적인 고객을
설정하라

Peter Drucke

1인 기업에서 '누구를 대상으로 할 것인가'는 굉장히 중요합니다.

이 설정을 가볍게 여기고 팔방미인인 양 행동하면 시간이 지나도 열매를 맺지 못할 뿐만 아니라 성취감도 얻을 수 없습니다. 타깃 고객층이 희미하면 스트레스도 쌓이겠지요. 1인 기업에서 정신적인 고통은 곧 비용입니다. 애써 고객을 선택할 자유를 손에 넣었는데, 원치 않는 고객과 관계를 맺어야 한다는 것은 정신 건강에도 좋지 않습니다. 인간관계와 마찬가지로, 1인 기업에서는 '누구와 사귈 것인가'가 무척 중요한 주제입니다.

누구를 대상으로 삼을지 결정했다면 그다음에는 '이상적인 사업'을 그려 봅시다. 다음과 같이 한 장의 시트로 정리해 보면 당신에게 꼭 들어맞는 고객상(像)이 드러납니다.

이상적인 사업을 위한 계획 시트

사업명	이 시트는 '사업 건마다' 정리할 것
사업 목적	이 사업이 지닌 사회와의 관계성, 해결해야 할 과제, 제공하는 가치 등
3년 후 목표	전략 목표. 수치로 가시화, 역산 가능한 것을 기입
자사의 강점	실적이 아닌 '○○ 능력'으로 표현할 수 있어야 바람직
대상 시장	세분화한 시장에서 '독점 가능성 있는 시장'을 선택
대상 고객	시장에 어울리는 이상적인 고객상을 좁혀 나감
고객의 바람	고객이 이루고 싶어 하는 것이나 언어화할 수 없는 마음의 움직임을 헤아림
고객의 상황	고객이 처한 환경이나 떠안고 있는 불만, 과제 등
타사 상품의 문제점	고객이 만족하지 못하는 이유나 시장이 성장하지 않는 원인 등
제공할 가치	과제 해결로 대표되는 기능적 가치, 심리적 가치, 경제적 가치가 중심
제공 상품	최종적으로 어떤 상품을 제공할 것인가. 상품명에도 신경 쓸 것

'이상적인 고객'을 분명하게 확정하여 흔들림 없는 기준을 갖게 된 사례를 소개하겠습니다.

후쿠모토 요코 씨(가와사키시)는 근무하던 마케팅 회사를 나와 '손쉽게 만드는 남성의 요리를 통해 여성의 웃는 얼굴이 많아졌으면 좋겠다'라는 마음으로 2010년에 남성 전문 요리 교실을 열었습니다. 하지만 첫 번째 수업에 참여한 사람은 단 여덟 명이었습니다. 그럼에도 굴하지 않고 '앞으로는 분명 남성을 대상으로 하는 요리 시장의 시대가 올 것!'이라 믿으며 우직하게 이어 나간 결과, 다음 해에 TV에서도 소개되는 인기 교실이 되었습니다. 식품 관련 기업에서 남성을 대상으로 한 주방 용품이나 식품의 PR, 강연 의뢰도 빗발쳤습니다. 또 수업 참가자의 파트너와 가족들에게 감사 인사까지 받으면서 경제적, 정신적인 보상도 받았다고 합니다.

후쿠모토 씨는 요리 교실이라는 시장 안에서 대상 고객을 '남성'으로 좁혔는데, 마케팅 회사에서 근무했던 경험 덕분에 시대의 요구를 먼저 읽어 낸 점이 성공 요인이라고도 할 수 있습니다. 더욱이 요리 기술뿐만이 아닌 참가자가 커뮤니케이션을 즐길 수 있는 공간까지 관심을 기울여 제공함으로써 고객의 만족도가 떨어

후쿠모토 씨의 이상적인 사업 계획 시트

사업명	남성 요리 교실 '맨즈 키친'
사업 목적	'식사'를 통해 멋진 아빠를 만듦, 웃음 가득한 가족 공동체를 늘림
3년 후 목표	기업의 의뢰를 받아 강사로 활동, 또는 컨설팅 사업을 확장
자사의 강점	마케팅 회사에서 습득한 경험을 무기로 새로운 라이프스타일을 제안할 수 있음
대상 시장	요리에 흥미가 있는 남성, 남성에게 요리를 시키고 싶어 하는 여성
대상 고객	새로운 특기를 개발하여 가족이나 파트너를 기쁘게 하고 싶은 남성
고객의 바람	가족이나 파트너를 기쁘게 하고 싶다. 인생을 보다 충실하게 살고 싶다.
고객의 상황	여성 대상의 요리 교실에 가자니 부끄럽다.
타사 상품의 문제점	남성이 요리를 배우고 싶어도 배울 환경이 마련되어 있지 않음
제공할 가치	요리 기술, 커뮤니케이션(공간의 분위기), 요리할 수 있다는 자신감
제공 상품	남성 요리 교실 '맨즈 키친', 부자(父子) 요리 교실 '아빠들의 키친', 요리를 주제로 한 사원 연수, 개인 수업(이벤트), 컨설팅

(※ 취재 내용을 근거로 저자가 작성)

지지 않는 구조를 구축한 점에도 주목해야 합니다.

후쿠모토 씨의 남성 대상 요리 교실 창업 배경에는 '남자도 요리하고 싶고, 배우고 싶다'는 남성 쪽의 니즈, '남성이 요리를 해 주면 편해지겠다'는 여성 쪽의 니즈가 있었습니다. 후쿠모토 씨처럼 시대의 흐름뿐만이 아니라 고객의 심리적인 배경까지 다루어 주는 것이 고객 만족을 담보하는 비결입니다.

피터 드러커는 《변화 리더의 조건》에서 "소비자의 욕구 중에 오늘의 제품이나 서비스로 '만족하지 못한 욕구는 무엇인가'를 질문해야 한다"라고 말합니다. 고객의 결정권과 니즈는 움직이기 쉽기 때문에 시대와 함께 변화합니다. 이를 전제로 끊임없이 대응해 나가는 것이 경영의 본질입니다. 무언가 한 가지가 잘되고 있다 할지라도 성공에 안주하고 있을 여유가 없습니다. 사업을 한다면 꾸준히 미래를 예측하며 유행에 계속 민감해야 합니다.

POINT

이상적인 고객은 '이상적인 사업'에서 탄생한다.

24

가장 많은
수익을 주는
일등 손님은?

이 책의 감수자이기도 한 후지야 신지 선생님이 소장으로 있는 '후지야 매니지먼트 연구소'는 일본에 6개의 지점이 있는데, 그중 한 지점의 소장님은 나고야에 미용실을 여덟 군데에 오픈한 사장님입니다. 그분에게 "미용실 영업을 할 때 가장 중시하는 부분은 무엇인가요?"라는 질문을 하자 한 치의 망설임도 없이 '고객 1인당 연간 소비 금액'이라는 대답이 돌아왔습니다.

이는 소비 금액이 클수록 가게에 떨어지는 이익도 비례해서 많아지리라는 생각에 기초한 것으로, 1인 기업에서도 이 사고방식은 굉장히 중요합니다. '가장 많은 이익을 가져다주는 고객은 누구일까?'를 파고드는 이유도 꾸준하게 돈을 벌어들이는 구조를 구축해 나가는 지름길이 되기 때문입니다.

'많은 이득을 가져다주는 고객'에 관해 연구할 때 도움이 되는 지표를 소개합니다(169쪽의 도표).

수익을 가장 많이 가져다주는 사람이 꼭 특정 고객으로 한정되지는 않습니다. 자신의 강점이 가장 많은 이익을 가져다주는 상품·서비스가 되는 일도 1인 기업 경영을 강화하는 데 중요한 요소입니다.

2013년에 국제 특허 사무소를 차린 변리사 사키야마 히로노리 씨(오사카시)는 변리사 사무소에서 근무할 때 자신이 동료들보다 일처리가 빠르다는 사실을 알았습니다. 그 덕에 대량 업무를 해냈던 경험과 기술을 무기로 독립할 수 있었다고 회고합니다.

사키야마 씨는 독립 개업을 하면서 자신의 강점에 대해 고민할 때, 보통 한 달 이상 걸리는 특허 출원 서류 작성을 최단 23시간 만에 완성했던 일을 떠올렸습니다. 얼핏 보면 무모해 보이는 이 아이디어로 '스피드특허권23'이라는 이름의 상품을 내걸자 평균보다 배나 되는 요금임에도 한 해 수 건에 달하는 미팅을 하게 되었습니다.

이 서비스가 신규 고객을 불러들이는 창구 상품 역할을 함으로써 고객의 과도한 흥정 요구도 줄어들었을 뿐만 아니라, 책임

수익을 가장 많이 가져다주는 고객 설계 시트

자사의 강점	당신의 강점을 필요로 하는(살릴 수 있는) 고객인지 아닌지 판단함.
방문 빈도	빈도가 높아지면 제안할 기회도 많아짐. 결과적으로 1인당 소비 금액이 늘어남.
연속 계약	일시 계약이나 정기 구입 구조를 만들어 안정적인 수익을 기대할 수 있음.
제공 스피드	'빠른 납기'는 어느 시대에서나 압도적인 가치. 특급 요금으로 청구 가능.
과제 해결	빠르게 해결할 수 있으면 더욱 좋음. 미래의 팬을 만드는 길.
시간 외 대응	이른 아침, 늦은 저녁, 주말 등. 고객의 사정에 맞추면 경쟁이 줄어 이익 증가.
커스터마이즈	높은 수준의 고객 요구에 응하면 다른 경쟁 업체로 옮기는(고객 유출) 현상을 막을 수 있음.
고객을 팬으로	고객을 팬으로 만들면 꾸준히 '적절하고 바람직한 가격'으로 거래 가능.
상품의 품질	품질은 고객 만족을 보장함. 고객을 만족시키는 이유와 실적에 대한 해답이 됨.

지고 시간 내에 처리하는 상품 덕분에 진정성과 신뢰도를 알리는 강력한 영업 방편이 되었다고 합니다.

IT 산업이 다양한 업계에 침투하면서 거래 관습이 격변했습니다. 사키야마 씨가 속해 있는 특허 신청 현장도 마찬가지인데, 지금까지 발주자 측에서 대부분의 주도권을 쥐고 있는 현상에 의문을 품은 사키야마 씨는, 자신이 먼저 정보를 제공하여 그 정보에 반응하는 고객들과 동등한 입장에서 관계를 맺어 가고자 노력하고 있습니다.

피터 드러커는 《테크놀로지스트의 조건》에서 "새로운 유통 채널은 고객을 바꾼다. 고객의 구매 패턴뿐만 아니라 고객의 구매 리스트를 바꾼다"라고 말합니다. 이는 제공 가치를 제대로 이해하는 고객과 거래하는 것의 중요성을 시사하고 있습니다.

POINT
다양한 지표를 통해 일등 손님을 만들자.

25

고객 범위를
좁히면
브랜드가 된다

Peter Drucker

1인 기업은 시장 규모가 작을수록 잘된다는 것과 더불어 고객층을 좁혀 나갈 때 '브랜드'로서 인지됩니다.

브랜드에는 여러 가지 정의가 있는데 1인 기업에서 브랜드는 '고객에게 인식된 상태'를 말합니다. 알기 쉽게 한마디로 표현하자면 '무엇을 파는 곳인지'가 명확한 상태입니다. 무엇을 파는지 뚜렷하면 뚜렷할수록 고객의 기억 속에 남아 있다가 필요한 순간에 선택됩니다.

앞서 소개한 남성 전문 요리 교실을 운영하는 후쿠모토 요코 씨도 고객층을 과감하게 좁힘으로써 사업을 시작하고 1년 남짓 됐을 무렵 미디어에서 취재를 나오게 되었습니다.

끊임없이 취재거리를 찾는 미디어 종사자들의 선택 기준이 무엇이라고 생각하십니까? '신선함', '독특함', '보편성'입니다. 후쿠모토 씨에게 취재 의뢰가 빗발친 현상은 우연이 아닌 이 세 가지 조건에 들어맞았기 때문입니다.

   미디어의 관심을 부르는 위의 세 가지 조건은 고객에게도 매력적으로 기능합니다.

   다카다 마이코 씨(도쿄도)는 2014년에 육아 중인 부모를 대상으로 한 쉐어 오피스, '마피스'를 개업했습니다. 자신의 육아 경험에서 나온 '유치원에 자녀를 맡기고 회사와 집을 왕복하는 피폐한 일상에 한계를 느끼는 엄마가 나뿐이지는 않겠다'라는 생각이 계기가 되었습니다.

   지체 없이 조사를 시작하자, 앞으로는 자택에서 창업을 하거나 재택근무를 선택하는 여성이 늘어나리라는 점에 착안하여 '집 근처에 보육 교사가 상주하는 쉐어 오피스'라는 아이디어를 내게 되었습니다. 사업화를 위해 클라우드 펀딩으로 지원자를 모집했는데, 다카다 씨와 같은 상황인 사람을 포함하여 84명이 동참했다고 합니다.

   자녀, 가정, 일, 자기 자신 모두 소중하기에 어느 것 하나 포기할 수 없는 삶을 응원하는 것이 마피스의 콘셉트이자 스토리입니다.

그중에서도 국공립 유치원에 자녀를 맡기기 어려운 프리랜서로 일하는 엄마, 아이와 함께 있고 싶지만 자격증 취득이나 공부 때문에 자신의 시간을 확보해야 하는 엄마들의 지지를 받으며 회원이 급증하고 있다고 합니다. 다카다 씨는 각종 미디어의 취재 요청에도 적극적으로 나서면서 '보육 시설이 함께 있는 쉐어 오피스'라는 브랜드를 확립했습니다. 그 후 지원하고 싶다며 파트너십을 체결하려는 기업도 등장했고, 현재는 도쿄, 요코하마, 나고야 세 군데에서 기업 행정팀 소관의 주도형 보육 사업 시설로 성장했습니다.

피터 드러커는 《피터 드러커 창조하는 경영자》에서 "**미래에 무언가를 일으키려면 용기를 필요로 한다. 노력을 필요로 한다. 신념을 필요로 한다**"라고 말합니다. 임시방편적인 업무에서는 미래를 상상하게 하는 매력적인 사업이 나오지 않음을 지적하는 말입니다.

장래에 이루고 싶은 비전이 있다면, 지금 행동해야 합니다. 그 실현을 위해 간절히 바라고 꿈꾸는 비전의 가치를 마음에서부터 믿어야 합니다. 정말 그 일이 하고 싶은지, 정말 그 사업을 경영하고 싶은지 자문해야 한다고 피터 드러커는 강조합니다.

자, 당신이 그리는 비전은 브랜드가 될 수 있습니까?

POINT

고객에게 '어떻게 기억되는가'가 곧 브랜드다.

26

고객을
팬으로 만드는
효과적인 방법

Peter Drucke

1인 기업에서는 특히 '한 번 유입된 고객은 쉽게 놓치지 않겠다'라는 기개가 필요합니다. 그 까닭은 기존 고객이 재구매하는 비용에 비해 신규 고객 1명을 얻는 비용이 5배나 더 든다고 알려져 있기 때문입니다. 마케팅 분야에서는 '고객 획득 비용 5:1 법칙'이라고 부를 정도로 신규 고객을 얻기가 어려운 실정입니다.

그렇다면 붙잡은 고객을 놓치지 않으려면 어떻게 해야 할까요? 일단 고객이 되었다면 당신의 '팬'으로 만드는 구조를 갖추어야 합니다.

고객을 팬으로 만드는 방법을 이야기하기 전에 고객에게 제공하는 '가치'에 관하여 복습해 봅시다. 가치가 무엇인지 제대로 이해하여 적절하게 제공할 수 있다면 고객은 자발적으로 팬이 되어 줍니다.

가치에는 '심리적 가치', '기능적 가치', '경제적 가치'의 세 종류가 있습니다.

심리적 가치는 정서적 가치라고도 하는데 '나를 알아준다, 특별하게 대해 준다, 편안하다' 등의 '눈에 보이지 않는 가치'를 말합니다. 거기에 논리적인 이유는 없습니다. '경제는 감정이 움직인다'라는 명언처럼 고객의 마음이 움직이는 것도 감정이 주관하는 것입니다. 이를 무시하고 사업을 한다는 건 넌센스입니다. 당신의 상품과 서비스의 심리적 가치는 무엇인지 반드시 확인하시기 바랍니다.

'기능적 가치'는 편리함이나 합리성 등 고객이 기능적으로 우수한 면을 평가했을 때 발생하는 가치입니다. 기능적 가치는 상품의 스펙처럼 가시화하기 용이한데, 거기에만 관심을 두면 타사와의 경쟁에 노출되고 맙니다. 기능적 가치를 추구하는 것은 대단히 훌륭하지만 너무 심하게 의지하지는 말아야 합니다.

'경제적 가치'는 경제적인 합리성이나 금전적인 이득이 있는 가치를 말합니다. 다른 곳보다 저렴하다면 경제적 가치가 있다

대표적인 심리적 가치

기분 좋음	사람은 무의식중에 '유쾌함'을 찾아 이동하는 습성이 있다.
잘 보살펴 줌	팔았다고 끝이 아니라 애프터 팔로우를 성실히 이행하면 가치로 자리매김한다.
이해해 줌	상호 이해가 깊어지면 감사하는 마음이 생긴다.
즐거움	시대를 막론하고 즐거운 곳에 사람이 모이고 널리 소문 난다.
용기·자신감	'용기나 자신감을 북돋워 주는 존재'가 된다면 고객은 당신의 팬이 된다.
안정감	마음을 놓을 수 있고 경계심을 풀 수 있는 장소나 관계는 비교할 수 없는 가치.
품질(만족감)	품질=만족감. 고객은 기능이 아닌 만족으로 구매한다.
스토리	상품이나 서비스의 배경에 있는 '이야기'를 공유하면 공감하게 된다.
두근거림	'참가하면 좋은 일이 생길 것 같아'라는 마음은 '기대'라는 이름의 가치다.

고 할 수 있지만, 가격 경쟁력에만 너무 무게를 두면 가격 경쟁의 늪에 빠집니다. 1인 기업에서는 저렴함을 추구하기보다 다른 제공 가능한 가치와 대조하여 적정한 가격을 형성하는 것이 바람직합니다.

자, 감이 좋은 분이라면 이미 알아채셨겠지요. 고객을 팬으로 만들려면 심리적 가치를 추구하는 것이 가장 효과적입니다. 심리적 가치의 질을 높이는 일은 사업을 계속하게 하는 원동력이 됩니다.

고객을 팬으로 만들었다면 팬들이 한눈 팔지 않는(유출되지 않는) 구조를 마련하는 것이 중요합니다. 고객이 빠져나가는 현상을 전문 용어로 '스위칭'이라고 하는데, 다른 곳으로 옮겨 가는 일은 번거롭고 귀찮은 일이라고 고객에게 은근하게 인식시켜야 합니다. 일명 '스위칭 고비용 전략'입니다.

스위칭 비용을 높이는 대표적인 예로, 일안 리플렉스 카메라와 렌즈의 관계를 들 수 있습니다. 통상적으로 카메라 본체와 렌즈는 상호 호환성이 없으면 사용하지 못하기 때문에 다른 회사 제품으로 바꾸는데 금전적, 심리적인 비용이 듭니다. 항공 회사의 마일리지 제도도 본질은 똑같습니다.

1인 기업에서 이렇게까지 철저하게 관리하는 경우는 좀처럼 많지 않습니다. 하지만 회원제 비즈니스로 운영하고, 장기 계약을 전제로 한 계약을 체결하며, 계약 시 일부 선납 등과 같은 조건을 내거는 방법도 얼마든지 가능합니다. 주위를 둘러보며 참고가 될 만한 것이 있다면 창조적으로 모방해 봅시다.

고객이 딴 곳을 보지 않도록 하는 구조를 만들 때도 심리적 가치를 추구하면 효과를 발휘합니다. 당신에게서만 얻을 수 있는 심리적 가치가 존재하는 이상, 고객은 바람피울 생각을 하지 않습니다.

POINT

철저하게 심리적 가치를 추구하기.

27

아무도 하지 않지만
고객이
기뻐하는 일

Peter Drucke

비즈니스의 본질은 고객의 바람을 이루어 주고, 문제를 해결하며, 만족을 제공하는 것입니다. 그렇다면 어떤 바람을 이루고 어떤 문제를 해결하며 어떤 만족을 제공해야 하는 것일까요? 이 질문에 대한 고민은 대기업이나 1인 기업가나 피차일반으로, 일로서 작용하는 '사명'이라고도 할 수 있습니다. 다만 여기서는 너무 어렵게 접근하지는 않고 '고객이 기뻐하는 일' 정도로 어떻게 초점을 맞추어야 하는지 고민해 봅시다.

고객을 기쁘게 하는 데는 크게 두 가지 방법이 있습니다. 첫 번째는 고객이 원하는 바를 이루어 주는 것이고, 또 다른 하나는 불만이나 문제를 해결해 주는 것입니다.

일단 앞으로 시작할 사업에 관해 고객이 어떤 소원이나 문제, 불만을 안고 있을지 떠오르는 만큼 적어 내려가 봅시다. 이때 포인트는 '니즈는 있지만 경쟁 회사가 하고 있지 않은 일'에 주목하는 것입니다.

몇 가지 사례를 소개하겠습니다. 도쿄의 한 출판사에서 근무하던 와다 마유코 씨는 2016년에 가슴이 큰 여성을 위한 의류 브랜드 〈overE〉를 설립하여 창업가로서 한 발을 내딛었습니다. 와다 씨 자신이 학생 때부터 '가슴이 크다'라는 콤플렉스를 가진 것이 창업의 계기가 되었고, 자신의 체형에 맞는 옷을 좀처럼 찾지 못해 마음에 드는 옷을 입지 못했던 아쉬움이 배경으로 작용했습니다.

현재 월 1회 수준으로 개최되는 〈overE 여성 모임〉에서는 고객들과 자유로운 발상을 토대로 다양한 의견을 나누며 상품의 개선 및 개발에 도움을 받고 있습니다. 이런 착실한 활동을 통해 브랜드 확장을 꾀하면서 "기성 블라우스나 셔츠를 입으면 가슴이 너무 강조됐었는데, 나의 체형에 딱 맞는 상품을 만나게 되어 기쁘다"라는 후기들을 연달아 듣게 되었다고 합니다.

또 보통은 온라인 숍을 통해 판매하지만, 전국의 백화점이나 패션 쇼핑센터에서 기간 한정 오프라인 매장 의뢰도 늘고 있습니다. 와다 씨는 '가슴 쫙 펴고 살게 하는 운명적인 옷 한 벌!'이라는 콘셉트를 모토로, 앞으로도 고객들의 니즈에 바짝 다가가 운영해 나가고 싶다고 이야기합니다.

컴퓨터와 사무기기를 취급하는 회사에서 영업을 하던 주 히로유키 씨(사이타마현)는 2012년, 6년 반 동안 부업으로 명맥을 유지해 오던 생활에 종지부를 찍고 독립하여 '반려 동물을 위한 휠체어 메이커'로서 본격적인 활동을 개시했습니다.

이 사업은 주 씨의 반려견이 내장 탈출증에 걸려 하반신 마비 증상이 후유증으로 남았던 사건을 계기로 시작하게 되었습니다. 당시 주 씨는 반려견용 휠체어를 찾아보았지만 일본에는 없었다고 합니다. 그래서 하는 수 없이 해외에서 시판되고 있는 대형견용 휠체어를 눈대중으로 보고 휠체어를 직접 만들었습니다. 그러자 주 씨의 반려견은 다시 스스로의 힘으로 걸을 수 있게 되었고, 눈을 반짝이며 어릴 때처럼 식욕까지 돌아오는 모습을 보며 감동했다고 합니다.

망설임 없이 인터넷에 스토리를 공개했더니 같은 고민을 지닌 반려동물 보호자들에게서 제조 의뢰가 빗발쳤습니다. 반려동물용 휠체어는 견종에 따라 형태나 사이즈가 저마다 달라 규격화하기 어렵기 때문에 한 대 한 대가 모두 맞춤 제작입니다. 최근 들어 반려동물용 휠체어 공방도 늘어났다고는 하지만, 대량생산이 불가능하다 보니 대기업이 잠입하지 않는, 문자 그대로 독점 가능한 시장입니다. 반려동물뿐만이 아닌 반려동물 보호자들까지 웃음 짓게 하는 사업 덕분에 감사 편지가 끊이지 않는 나날을 보내고 있는 주 씨는, 회사원 시절에는 느낄 수 없던 뿌듯함으로 마음이 벅차오른다고 합니다.

스스로 상품이나 서비스를 개발할 때 '고객은 분명 이런 것을 원할 거야' 하는 부푼 기대감을 갖고 세상에 선보입니다. 히트를 친다면 문제없겠지만 그리 간단하지만은 않은 것이 비즈니스의 현실입니다.

와다 씨는 의류 사업이 자리 잡은 지금도 매달 고객을 모아 대화를 이어가며 상품의 개선과 개발의 기회를 마련하고 있습니다. 고객에 관한 사항은 고객에게 듣는 수밖에 없다는 것이지요. 주 씨는 자신의 반려견이 휠체어를 타고 있기 때문에 고객들의 심정을 누구보다 공감할 수 있었습니다. 하지만 지금도 휠체어

고객의 소망&과제 발견 시트

소망이나 과제의 종류	다른 회사가 하고 있음	다른 회사가 하고 있지 않음
날씬해지고 싶다	영양 지도, 트레이닝 체육관, 각종 다이어트 교재, 건강보조식품 판매	?
주목받고 싶다	강사 육성, 유튜버 육성, 동영상 편집 방법	?
자연과 가까이하고 싶다	지방 이주 촉진, 사무실 녹화	?
돈을 더 벌고 싶다	부동산 투자, 해외 투자, 이직 지원	?
동전 주차장이 만차라 주차가 곤란하다	동전 주차장 (사전 예약 불가)	사전 예약제 주차장 매칭 사이트
여행 시 슈트케이스 이동이 힘들다	택배(익일 도착), 택시(고액)	공항이나 터미널에서 여행지의 숙박 호텔로 당일 배송
걸을 수 없게 된 강아지와 산책을 하고 싶다	반려 동물 카트	100퍼센트 맞춤 제작형 강아지용 휠체어
가슴이 큰 여성을 위한 옷이 없다	해외에서 수입	평범한 일상에서 입을 수 있는 셔츠, 블라우스, 자켓 등

를 제작할 때는 고객의 목소리를 사려 깊게 듣고 있습니다.

이처럼 '일이 많아지더라도 고객과의 대화를 성실하게 이어 나가는 것'이 1인 기업을 성공으로 이끄는 중요한 비결입니다.

피터 드러커는 《미래사회를 이끌어 가는 기업가 정신》에서 "혁신이란 논리적인 분석임과 동시에, 지각적인 인식이다. 혁신을 일으키고자 한다면 밖으로 나가서 보고, 듣고, 질문하지 않으면 안 된다"라고 말합니다.

고객이 바라는 상품과 서비스는 고객이 가장 잘 알고 있으므로, 고객과의 커뮤니케이션을 통해 얻은 정보는 살아 있는 피드백이 됩니다.

POINT
고객의 웃는 얼굴을 위하여 일을 한다.

신규 고객 개척에
투자하라

신규 고객 개척은 기존 고객 유지에 비해 다섯 배의 비용이 든다고 말씀드렸지만, 그렇다고 신규 고객 개척을 포기해 버리면 사업은 점점 쇠퇴할 것입니다.

가능하면 창업 전에 신규 고객이 될 '예상 고객'들과 정기적으로 만나는 상황을 만들어 둡시다. 물론 기존 고객 유지를 위한 공작을 적극적으로 펼쳐야겠지만, 신규 고객 개척에도 구조화를 하는 것이 중요합니다.

그렇다면 예상 고객을 만나기 위해 무엇을 해야 할까요? 쉽게 떠오르는 방법은 접촉 행동입니다. 접촉하는 행위가 없어서는 안 되는데 시간이 제한되어 있으면 할 수 있는 일에 한계가 생기기도 합니다.

그럴 때 추천하는 것이 '정기적인 정보 발신'입니다. 인터넷의 발달은 1인 기업가에게도 커다란 기회를 가져다 주었습니다. 블로그나 SNS를 통해 비용을 들이지 않고도 정보를 전달하기가 무척 쉬워졌습니다.

도쿄·에비스 지역에서 인터넷 고객 모집 전문가로 활동하고 있는 다카하시 마사키 씨는, 몇년 전부터 본격적으로 시작한 유튜브를 통해 큰 보람과 가능성을 맛보고 있습니다. 다카하시 씨는 웹 제작 회사를 경영해 오면서 고객이 무리한 요구를 하거나 타사와 끝없이 경쟁해야 하는 등의 현실에 의문을 품고 있었습니다. 그때 만난 매체가 유튜브였습니다.

다카하시 씨는 이름하여 〈다카하시 마사키 채널〉을 오픈했는데, 일상의 생각이나 신상품의 리뷰, 인터넷 모객에 효과적인 테크닉 등을 동영상으로 선보였습니다. 서서히 팬들이 늘어나 채널 구독자 수가 6000명을 넘어 서더니, 2019년 말에는 목표인 1만 명에 다다랐습니다.(2021년 2월 기준 8740명)

다카하시 씨는 유튜버 사장임을 자각하고 있으며 업무뿐만이 아닌 개인적인 측면도 여과 없이 보여주고 있습니다. 심지어는 '다카하시 마사키 아카데미' 형식의 유료 회원제 커뮤니티까지 개시하였는데, 유튜브를 시청하던 팬들이 전국에서 모이게 되었

도구별 정보 발신 영향력과 특징

도구	영향력	특징
블로그	★★★	가볍게 시작할 수 있다는 점에서 정보 발신 첫걸음에 적합함.
이메일 매거진	★★	효과는 대개 발신 수에 비례. 리스트를 확보하는 구조가 필요함.
페이스북	★	기본적으로 스폰서를 사용하지 않는 한, 친구 외에는 정보가 확산되지 않음.
트위터	★★★★	불특정 다수를 향한 정보 발신. 대표 상품 브랜딩에 추천.
유튜브	★★★★	정보 수집의 주류이자 주역. 비즈니스계의 유튜버 증가 추세.
라인	★★★	물품 판매 사업이라면 추천. 이용한 만큼 비용을 지불하는 종량과금제일지라도 효과가 있다면 이용 가치 있음.
서적	★★★★★	출판의 난이도는 높지만 사회적 영향력은 어마어마함.

다고 합니다.

유튜브를 통한 정보 발신은 본업인 인터넷 고객 모집 컨설팅에도 커다란 효과를 가져왔습니다. 유튜브를 시청한 경영자들로부터 미팅 요청이 늘어나고, 매달 수차례 진행하는 세미나 집객에도 영상이 공헌하면서 컨설팅이나 웹 제작 수주로 연결되고 있습니다. 예전에는 수주를 받기까지 견적서를 제출하고 몇 번씩 부수적인 설명을 하는 등의 수고를 해야 했지만 동영상 배포를 하면서부터는 협상이 현저하게 쉬워졌다고 합니다.

다카하시 씨에 따르면 동영상 세계는 꾸준할수록 좋고, 끈질기게 해 나가는 것이 중요하다고 합니다. 게시물 수가 150건을 넘기면서부터 미팅 요청이 들어오고, 구독자 수가 1000명을 넘으면 세상이 달라진다고 합니다.

다니 아쓰시 씨는 여행사의 고객 상담실에서 책임자로 근무하던 시절, 연수 강사와 강연자로서 창업의 길을 모색하고 있었습니다.

다니 씨의 최대 고민은 '회사를 그만뒀는데 과연 일거리가 생길 것인가' 하는 것이었습니다. 그때 떠오른 생각은 회사를 다니면서 출판을 준비하고, 출판을 마중물 삼아 일감을 획득하자는 계획이었습니다.

다니 씨는 개그맨 준비를 하며 체득한 발군의 토크 센스를 갖고 있었습니다. 더불어 클레임 대응 업무에 종사하면서 격양된 상대를 받아들이고 진정시키는 기술, 거기에 팬으로 만들어 버리는 강점까지 있었습니다.

출판을 준비하면서 어려운 점도 많아 몇 번이고 포기하고 싶었지만 공감해 주는 편집자의 응원 덕에 데뷔작《'화내는 손님' 이 진정한 왕입니다! 클레임 고객을 단골로 바꾸는 30가지 방법》이 탄생했습니다. 출판 시기에 맞춰 다니 씨는 순조롭게 창업을 했고, 첫해부터 연수와 강연, 컨설팅 의뢰를 확보할 수 있었습니다.

인터넷을 통한 정보 발신은 개인이 자유로이 시도할 수 있다는 점에 반해 서적은 출판사를 거쳐 검증된 믿을 만한 상품이라는 인식이 있기에 사회적 영향력이 한층 높아지는 것인지도 모릅니다.

피터 드러커는《피터 드러커 창조하는 경영자》에서 "미래를 건설하기 위해 먼저 해야 할 일은 내일 할 일을 정하는 것이 아닌, 내일을 창조하기 위해 오늘 무엇을 해야 할지 정하는 것이 다"라고 말합니다.

세상과 고객의 움직이는 마음을 컨트롤할 수는 없지만 거기에 민감해질 수는 있습니다. 변화의 조짐을 포착하고 '지금 무엇을 해야 하는지' 진지하게 고민하는 태도가 필요합니다.

다카하시 씨도 다니 씨도 미래를 위해 필사적으로 정보를 전달하려 씨름했습니다. 그 결과 바라던 성과를 얻을 수 있었습니다.

비즈니스 세계에는 선행자 이익이 존재합니다. 누구보다도 빠르게 변화의 낌새를 눈치채고 행동해야 얻을 수 있습니다. 홀가분하게 움직일 수 있는 1인 기업가야말로 선행자 이익을 얻기에 어울리는 존재입니다.

POINT
정기적인 정보 발신이 잠재 고객을 기른다.

6장

커뮤니티를
만들라

걸 스카우트는 자원봉사의 공급원이었던 전업 주부가 감소하면
서 활동에 타격을 입었다. 하지만 걸 스카우트 연맹은 걸 스카
우트 자원봉사 활동이 일하는 엄마가 자녀와 즐기며 자녀의 성
장에 도움을 줄 수 있는 매력적인 기회로 보이도록 만들었다.

《미래사회를 이끌어 가는 기업가 정신》

29

인간관계는
중요한
자산이다

1인 기업에서 '관계'는 중요한 자산입니다. 조력자로서 서로 돕는 것은 물론이고 연대하는 상대가 당신의 정신적 지주가 될 수 있기 때문입니다.

관계를 맺는 가장 효과적인 방법으로, 가치관이 같거나 뜻을 함께하는 동료가 모이는 '커뮤니티' 갖기를 추천합니다. 최근에는 SNS를 통한 온라인 커뮤니티 활동도 활발하니, 우선 자신과 맞는 커뮤니티를 찾아 참여해 보십시오.

참여한 커뮤니티를 통해 주최자는 물론 멤버들과 교류하는 가운데 신선한 자극을 주고받으며 관계성을 구축해 나가는 것입니다.

참가할 커뮤니티를 찾았다면 먼저 '어떤 커뮤니티를 만들고 싶은지' 이미지를 그려 봅시다. 생각해 둔 이미지가 있으면 기존의 커뮤니티들 가운데 '어떤 커뮤니티가 나에게 맞을지'도 가늠해 볼 수 있습니다.

물론 자신이 주체가 되어 만드는 커뮤니티라면 방향성이나 규칙을 스스로 정할 수 있습니다. 여기서 제가 커뮤니티를 운영하며 겪은 시행착오 중 한 가지를 소개하고 넘어가겠습니다.

제가 운영하고 있는 회원제 경영 연구소인 '후지야 매니지먼트 연구소·긴자 연구소'는 2017년 2월, 불과 세 명의 회원으로 시작했습니다. 처음 1년은 생각대로 되지 않아 방향성을 상실한 것만 같았습니다. 그러던 어느 날 전국 6개 연구소 가운데 한 곳을 운영하는 동료의 연구소를 견학하면서 답답했던 마음이 후련해졌습니다. '나만의 컬러를 조금 더 뚜렷하게 내세우면 되겠다'라는 깨달음을 얻었기 때문입니다.

재빨리 저는 어떤 커뮤니티를 구성하고 싶은지 진지하게 고민했고, 머릿속에 '베이스캠프'라는 이미지가 떠올랐습니다.

베이스캠프는 높은 산을 오르는 무리의 운영 기지가 되는 장소입니다. 연구소에는 매달 경영자들이 참가합니다. 배우고 교류하며 다양한 통찰을 주고받다가 다시 자신들의 현장으로 되돌아 갑니다. 다음 달이면 다시 모여 같은 미팅을 반복하지요. 이 모임은 마치 정상에 오르려는 등산가를 서포트하고, 돌아오면 따뜻하게 맞아주는 베이스캠프 역할 그 자체였던 것입니다. 저도 베이스캠프와 같은 존재이고 싶었고, 저라면 가능하겠다고 생각했습니다.

이렇게 '도전하는 경영자의 베이스캠프'라는 긴자 연구소의 콘셉트가 탄생했습니다. 커뮤니티가 만들어 내는 모임 현장의 분위기에 따라 과제 발표에 반응하는 질의응답이나 어드바이스 수용이 원활해짐은 물론, 과정 수료 후 친목 모임에서는 새로이 제휴 관련 이야기가 오갈 만큼 활발한 교류가 이루어졌습니다. 매달 마지막 주 화요일에 모이고 있는데, 회를 거듭할수록 커뮤니티에 참가하는 사람들의 수준이 높아지고 있다는 것을 확연하게 느낍니다.

그리고 연구소 학생들의 수도 순조롭게 늘어났습니다. 사실 당초에는 자신감이 부족하여 수강료를 규정된 금액의 반값으로 제공하고 있었는데, 이후 규정 요금으로 값을 올렸을 때도 학생들은 흔쾌히 받아들여 주었습니다. 무엇보다 기뻤던 일은 한 번 연구소를 나갔던 학생이 "역시 자극이 참 중요하군요!" 하는 말과 함께 다시 돌아와 준 것입니다.

이렇듯 같은 목적으로 모여 서로의 감각을 일깨워 주는 관계야말로 커뮤니티 최대의 매력이자 자산이라는 사실을 매번 실감하고 있습니다.

커뮤니티를 만드려면 흔히 그럴듯한 명분이 있어야 한다고 생각하겠지만 커피 한 잔을 매개로 생긴 곳도 있습니다.

도쿄의 유명한 카페에서 바리스타로 활약하던 다네무라 다쿠야 씨는 도쿄에서 후쿠오카로 I턴*하여 커피 스탠드 '시드 빌리지'를 열었습니다. 가게는 일곱 명이 들어가면 꽉 차는 4평 규모이며, 서서 마시는 스타일입니다. 가게 안은 비즈니스맨부터 학생, 어르신, 가족 단위까지 연일 손님들의 발길이 끊이지 않아 북적입니다.

다네무라 씨는 전 세계의 커피 산지에서 엄선한 원두를 볶아 전국으로 통판하는 일부터 여러 가지 업무를 병행합니다. 그러면서도 가게에 찾아와 주시는 분들의 지역 커뮤니티 환경 조성

---

* 도시에서 태어나 살다가 농촌으로 내려가는 것.

을 위해 아침에는 한 잔에 100엔부터 판매하고 있다고 합니다.

커피를 통해 세대나 성별, 국경을 초월하여 일면식도 없는 남녀노소가 모인 셈입니다. 이로써 매장 안에서 새로운 커뮤니티가 형성됩니다. 또 매월 마지막 주 금요일에는 저녁 9시까지 가게를 열고 이벤트를 개최하고 있습니다.

이 커뮤니티는 딱히 이렇다 할 목적은 없지만 점주인 다네무라 씨를 중심으로 매일 새로운 상황에 맞부딪혀 가며 성장해 나가고 있습니다. 다네무라 씨는 단골손님들이 서로 이어지는 과정을 보는 것을 행복으로 느끼고 있습니다. 참여자들 간의 관계는 커뮤니티 운영의 근간이라고도 할 수 있습니다.

피터 드러커는 《피터 드러커 창조하는 경영자》에서 "사업의 정의가 시장에 공급해야 하는 만족과 리더십을 유지해야 하는 영역을 규정한다"고 말합니다. 피터 드러커 특유의 난해한 표현이긴 하지만 이 말을 통해 '사업 정의의 중요성'이 무엇인지 알 수 있습니다. 사업의 정의란 '누구'에게 무엇을 어떻게 제공할 것인가'를 결정하는 것을 말합니다. 저도 앞서 소개한 긴자 연구소라는 커뮤니티의 콘셉트를 궁리하고 새롭게 제시함으로써 커다란 벽을 돌파한 경험이 있습니다.

부디 이 기회에 당신만의 '이상적인 커뮤니티'를 정의해 보십시오.

POINT

1인 기업은 '관계'가 최대 자산이다.

30

사람이
사람을 불러오는
커뮤니티의 매력

Peter Drucker

커뮤니티의 매력 중 한 가지는 '사람이 사람을 불러온다'라는 점입니다. 이런 현상이 연쇄적으로 이어지면 커뮤니티는 한층 더 성장하고 멤버들 간의 관계도 성숙해집니다.

5장에서는 고객이 팬이 되는 상황의 장점을 이야기했는데, 커뮤니티 참가자는 만날 기회가 많아지기 때문에 팬이 될 가능성이 높다고 할 수 있습니다. 처음에는 어색한 다과 모임이나 스터디 모임 같겠지만 시간이 지나면서 '커뮤니티다운 모습'이 갖추어집니다.

커뮤니티의 성장을 위해서는 참가자를 사로잡아 각자가 활약할 장을 마련하는 작업이 꼭 필요합니다.

다베타 노리히코 씨(가나가와현)는 일본 굴지의 자동차 회사를 그만두고 2018년에 '사단법인 일본도해협회(이하 일본도해협회)'를 설립하였습니다. 그는 직장 다닐 때부터 도해(圖解)[*]를 취미로 그려왔는데, 이를 활용한 문제 해결 세미나와 연구 모임을 정기적으로 개최하고 있습니다. 2010년 활동을 시작하던 당시에는 수도권이 중심이었지만 곧 소문을 접한 사람들에게서 연수 요청이 끊이지 않아 지방 출장이 많아졌습니다.

다베타 씨가 만든 커뮤니티의 특징은 도해 테크닉을 배울 수 있는 기회를 제공하는 것, 뿐만 아니라 커뮤니티를 '도해 축제'라고 표현한 점에 있습니다. 이 도해 축제의 배경에는 '그림을 풀이하면서 동료를 발견하고, 하고픈 일을 공조할 수 있는 동기를 제공하고 싶다'라는 소망이 있었습니다.

도해로 연을 맺는 흥미로운 이벤트라는 인식이 널리 퍼지면서 어느샌가 협력자들은 '도해응원단'으로 불리게 되었습니다. 각지역의 핵심이 되는 멤버는 응원단장으로 임명됩니다. 그렇게 활동을 착실히 이어가는 동안 일본도해협회는 2019년 8월에 일본에 30개소, 해외에 1개소, 1100명 이상의 회원이 모이는 하나

---

* 글의 내용을 그림으로 풀이함. 또는 그렇게 한 풀이나 책자.

의 대형 커뮤니티로 성장했습니다. 게다가 온라인상에서도 매일 수많은 교류가 퍼져 나가고 있습니다.

다베타 씨가 7년 가까이 쏟아 부은 갖가지 활동이 열매를 맺어 2018년에는 사단법인 설립과 함께 커뮤니티 콘셉트를 쇄신하게 되었습니다. '경쟁에서 공조의 시대로, 커뮤니케이션을 도해하고, 도해로 연을 맺는다'라는 기조로 다베타 씨의 이념에 공감하는 사람이 많아졌을 뿐만 아니라 기업이나 대학에서 다양한 제휴 요청도 늘어나고 있습니다.

다베타 씨에게는 주위 사람들을 매료시키는 흡인력이 있었지만, 그 능력이 초기부터 발현되지는 않았습니다. 선두에 서서 변화를 일으키고자 했고, 미래를 스스로 개척하려는 용기와 행동력을 보였기 때문에 가능했습니다. 이것이 커뮤니티의 진면목이자 1인 기업의 묘미일 것입니다.

피터 드러커는 《변화 리더의 조건》에서 "미래에 무언가를 일으키려면 특히 창조성은 필요치 않다. 필요한 것은 천재의 재주가 아닌 업무이다"라고 말합니다. 이는 실현하고 싶은 사업을

'업무'로서 대응하면 보통 사람일지라도 훌륭한 사업을 이룩해 내고 확장시킬 수 있다는 뜻입니다.

POINT

팬을 만드는 가장 좋은 열쇠는 생각의 열량이다.

31

커뮤니티도
지속적인
수익이 가능하다

Peter Drucke

만일 작더라도 자신만의 커뮤니티가 생긴다면 그 구성원은 당신에게 '이상적인 고객'이자 '가장 강력한 응원단'이 됩니다. 두 그룹 모두를 한 번에 얻는 점도 커뮤니티를 갖는 일의 매력이라고 할 수 있습니다.

커뮤니티가 성장 궤도에 올랐다면 유지비나 운영비의 일부를 유료로 전환하는 사항을 검토해 보십시오. 구성원과의 관계가 제대로 구축되어 있다면 공감해 주는 팬이 분명히 있을 것입니다.

유료화가 실현되었다면 '스톡비즈니스'가 시작된 것입니다. 스톡비즈니스란, 스포츠클럽의 회비나 휴대전화 사용료처럼 한 번의 계약으로 매달 지속적인 수익을 올리는 비즈니스 구조를 말합니다. 커뮤니티도 동일한 방식으로 유료 회비 제도로 전환하면 스톡비즈니스가 실현됩니다.

이는 영업 능력에 한계가 있는 1인 기업가에게 굉장히 큰 의미입니다. 극단적으로 이야기하면 1인 기업가는 스톡비즈니스를 얼마나 가지고 있는가에 따라 사업의 성패가 나뉜다고도 할 수 있습니다.

최근에는 스톡비즈니스와 밀접한 관계가 있는 1인 기업의 과금 문제도 크게 개선되고 있습니다. 지금까지는 은행 계좌에서 자동이체를 등록하는 정도밖에 선택지가 없었지만 최근에는 페이팔로 대표되는 다양한 금융 시스템 및 회원 지원 서비스가 등장하고 있습니다.

이렇게 1인 기업가를 둘러싼 환경은 진화하고 있습니다. 그밖에도 현재 유행하고 있는 '온라인 살롱'이라 불리는 것이 있습니다. 온라인 살롱은 같은 가치관을 지닌 사람들이 모이는 온라인상의 커뮤니티입니다. 주로 페이스북의 그룹 기능을 통해 구축되는데 대부분이 유료입니다. 저렴한 경우 월 수백 엔부터 비싼 경우 1만 엔이 넘는 참가비로 운영됩니다. 또 정기적으로 발행되는 유료 이메일 매거진도 스톡비즈니스의 대표적인 상품입니다.

제가 운영하는 긴자 연구소도 커뮤니티를 축으로 한 스톡비즈니스라고 할 수 있습니다. 엄밀히 말하면 제가 월 1회 강의를 하고 있기 때문에 완전한 스톡 상품은 아니지만 충분하고도 남을 정도로 혜택을 받고 있습니다.

예를 들어 기업에서 의뢰받는 업무에는 기업 강의가 있습니다. 그러나 기업과 연간 계약을 하는 강사는 거의 없습니다. 대부분은 1회성으로 끝납니다. 1년에 한 번 정도 꾸준히 불러 주는 경우야 있을지도 모르겠습니다만, 이런 식이라면 다음 일거리를 찾아 나서지 않으면 안 되는 '화전 농업'식 모델입니다.

하지만 제가 운영하는 긴자 연구소에서는 한 번 입소하면 스스로 졸업을 선택하지 않는 이상, 회원으로서 계약은 지속됩니다. 회원에게는 개인 사정으로 결석하는 경우에도 요약본과 동영상, 음성 파일을 제공하며, 과제 첨삭 등으로 수업을 대체합니다. 이로써 회원 수에 따라 매달 안정적인 수익을 기대할 수 있게 되었고, 끊임없이 연구소 학생을 모집해야 한다는 압박에서도 해방되었습니다.

앞서 이야기한 바와 같이 긴자 연구소를 개원한 초창기에는 단세 명뿐이었지만 지금은 연구소 학생이 열 명 아래로 내려가는 일은 없어졌습니다. 매달 안정적으로 10~15명 사이를 유지하고 있습니다. 무엇보다 학생들과 서로 격려하며 지내는 삶을 실감하게 된 것이 최대 효능일지도 모릅니다.

피터 드러커는 《프로페셔널의 조건》에서 "스스로 업무나 관계에 도움이 되고자 초점을 맞출 때 비로소 좋은 인간관계를 가질 수 있다"라고 말하고 있습니다.

이 말을 나름대로 해석하면 '커뮤니티는 그저 사이좋은 그룹은 아님'을 의미합니다. 구성원 개개인이 지니고 있는 꿈의 실현과 목표달성을 위해 서로 어떠한 기여를 할 것인가의 문제입니다. 때로는 말로 하기 껄끄러운 지적을 하는 일도 있을 것입니다. 그러한 신뢰를 기반으로 한 관계는 회사처럼 종속적인 조직이 아닌 '연대'를 중시하는 커뮤니티라야 가능합니다.

POINT
커뮤니티로 화전민에서 탈출하기.

커뮤니티가
내세우는
가치는 무엇인가?

커뮤니티를 운영할 때 커다란 벽으로 작용하는 것이 있다면 바로 '카리스마가 없는 사람이 어떻게 커뮤니티의 가치를 선전하면 좋을지'에 관한 문제입니다.

세상에는 '카리스마' 자체로 불리는 사람도 존재하지만 모든 사람이 카리스마가 있는 것은 아닙니다. 만약 당신에게 카리스마가 없다면 어떻게 해야 할까요? 주재자로서의 입장은 유지하되 '커뮤니티의 가치'가 주연 역할을 하도록 포인트를 옮기면 됩니다.

누구를 위한 커뮤니티인가? 커뮤니티에 참가하면 어떤 소득이 있을까? 어떤 문제가 해결되고, 그 결과 어떤 마음가짐을 갖게 될까? 이러한 질문을 심플하게 한마디로 표현해 보십시오.

이 과정은 커뮤니티의 가치를 표현하는 데에만 그치지 않습니다. 이는 1인 기업가가 사업을 꾸려 가는 데 있어서 굉장히 중요한 작업입니다. 즉 '당신이 내세우는 것은 무엇인가'에 대한 배경까지 거슬러 올라가 '가치로서 표현할 것'이 요구됩니다.

힌트는 5장에서 소개한 세 가지 가치인 심리적 가치, 기능적 가치, 경제적 가치에 있습니다. 모두 중요한 가치이지만 1인 기업처럼 독자성을 추구하는 비즈니스에서는 심리적 가치를 전면으로 내세우는 편이 효과적입니다. 왜냐하면 기능적 가치와 경제적 가치는 비교적 흉내 내기 쉬운 반면, '심리적 가치'는 그 본질까지는 쉽게 다가가지 못하기 때문입니다. 예를 들어 저는 저의 커뮤니티를 218쪽의 표와 같이 세 가지 가치를 중심으로 캐치프레이즈를 적용시켜 보았습니다.

피터 드러커는 《테크놀로지스트의 조건》에서 **"질서란 다이내믹하게 움직이는 변화 그 자체임을 인식해야 한다"**라고 말합니다. 커뮤니티도, 그것을 둘러싼 환경도 생물입니다. 끊임없이 진화하고 변화하고 있습니다. 진화나 변화가 유익하기만

후지야 매니지먼트 연구소·긴자 연구소의
세 가지 매력과 캐치프레이즈

심리적 가치	통찰과 자극을 주고받는 동료와의 교류. 친목회 형식을 넘어선 '연장전'에서의 접근전!
기능적 가치	매달 개별적인 과제 첨삭. '지속적으로 돈을 버는 구조'에 한 발 다가서기!
경제적 가치	단돈 2만 엔으로 꾸준하게 경영을 배울 수 있는 환경과 동료가 내 손 안에!
캐치프레이즈	도전하는 경영자의 베이스캠프.

한 것은 아니라서, 때로 해로운 일을 유발할지도 모릅니다. 하지만 진화나 변화를 피하기보다 질서의 일부로서 유연하게 받아들이는 자세가 중요합니다.

그렇다고 해서 계속 수동적일 필요는 없습니다. 지금까지 소개한 이론과 사례들에서 알 수 있듯이 진화나 변화는 스스로 일으킬 수도 있으며, 자신이 원하는 방향으로 이끌어 갈 수도 있습니다.

POINT
커뮤니티의 가치를 언어로 표현해 보자.

Peter I

7장

스토리가
최강의 무기다

고객의 효용, 고객이 정말로 사고자 하는 것, 고객의 현실, 고객
의 가치에서 시작하는 것만이 마케팅의 전부이다.

《미래사회를 이끌어 가는 기업가 정신》

33

영업이 어렵다면
스토리를
활용하라

Peter Drucke

지금까지 1인 기업의 사업 포인트를 피터 드러커의 말과 이론에 덧붙여 사례를 중심으로 소개해 왔습니다.

마지막으로 이야기할 포인트는 '스토리'입니다. '스토리'하면 어떤 이미지가 떠오르십니까?

사업의 매력은 단순하면서도 직설적인 전달이 원칙이지만 때로 '이야기의 힘'을 빌리면 더 큰 효과를 기대할 수 있습니다. 이 기회에 스토리의 매력과 스토리 만드는 법을 배워 당신만의 스토리를 나누게 되기를 바랍니다.

1인 기업에서 스토리는

- 이상 고객층의 성공 이야기
- 이상 고객층의 마음을 흔들 만한 에피소드

로 정의하고 있습니다. 이 스토리를 자유자재로 설계해 효과적으로 사용하다 보면 보다 견실한 1인 기업 라이프를 실현할 수 있습니다.

스토리가 가장 위력을 발휘하는 장소는 바로 '현장'입니다. 단순히 사업이나 상품의 설명으로 끝내지 않고 스토리를 의도적으로 포함시키면 고객의 반응이 눈에 띄게 달라집니다. 그 덕분에 사업의 심리적 가치가 와닿기 때문입니다.

구체적인 이야기를 시작하기 전에 사업의 매력을 스토리로 전달할 때 얻을 수 있는 이득을 몇 가지 소개하겠습니다.

- 깨닫지 못했던 강점이 뚜렷해진다.
- 계약 성사율(영업 효율)이 눈에 띄게 오른다.
- 가격 경쟁에서 해방된다.
- 열광적인 팬이 생긴다.
- 지속적으로 돈을 버는 구조를 구축할 수 있다.
- 이직률이 낮아지고 고용이 강화된다.
- 사업에 대한 사명감이 생긴다.

여기서 스토리를 구사하여 인생을 역전시킨 한 사례를 소개하겠습니다.

잘나가는 주택 회사의 영업 사원이었던 기쿠하라 도모아키 씨는 무슨 일을 해도 성과가 나지 않고, 고객에게 "또 오셨어요?"와 같은 낯 뜨거운 소리만 듣는 날들을 보내고 있었습니다. 7년 연속 실적이 나아지질 않아 인생의 밑바닥에서 헤매고 있었지요. 원래 낯을 가려 고객에게 적극적으로 다가가기가 힘들었던 기쿠하라 씨는 회사가 제창하는 체육대회 응원가 같은 영업 방법에도 의문을 품고 있었습니다. 기쿠하라 씨는 "그때의 영업 스타일은 고객을 불편하게 하는 것밖에 없었다"라고 당시를 회상합니다.

전환기가 된 것은 사내용으로 작성한 '직접 집을 지은 고객의 아쉬움이 담긴 에피소드 모음집'이었습니다. 거기에는 집을 지을 때 참고가 될 만한 정보들이 잔뜩 정리되어 있었습니다. '고객에게 방문하러 갈 때마다 이 자료를 가지고 가야겠다!'라고 생각한 기쿠하라 씨는 곧바로 행동에 옮겼습니다. 3회째 배포할 무렵부터 띄엄띄엄 문의가 들어왔고 '영업 가치관이 달라졌다'라는 사실을 실감하게 되었습니다. 쓸모 있는 정보를 제공했을 뿐인데 고객이 먼저 말을 걸어 왔습니다. 이제 더 이상 불편한 방문을 하지 않아도 된다는 것만으로도 기뻐서 날아오를 것만 같았다고 합니다.

그때까지 연간 계약 네 건이 한계였던 기쿠하라 씨는 어느덧 8개월 연속 계약을 달성했고, 그 후로 4년 연속 톱클래스 세일즈맨으로서의 활약이 시작되었습니다. 꼭 강조하고 싶은 포인트는 고객과 신뢰 관계를 맺어 주는 '어프로치레터', 고객의 반응을 듣는 '리스폰스레터', 고객을 고무시키는 '클로징레터'와 스토리를 활용한 영업 프로세스를 3단계로 체계화하여 '누구나 활용할 수 있는 효과적인 영업 구조'를 확립한 점입니다.

그 후 기쿠하라 씨는 '예전의 나처럼 영업을 못해 괴로워하는 세일즈맨을 돕고 싶다'라는 소망을 안고 창업하였고, 현재는 영업 컨설턴트로서 세일즈맨과 경영자를 대상으로 세미나와 연수를 개최하고 있습니다. 또 영업에 관한 서적을 50권 이상 출판하며 대학생들에게 '영업 수업'을 하는 등 다방면으로 활약하고 있습니다.

자, 기쿠하라 씨의 스토리에는 앞서 소개한 '스토리 전달의 장점' 중 어떤 항목이 포함되어 있습니다. 기쿠하라 씨의 스토리를 분석해 보면 다음과 같은 요소가 숨어 있습니다.

- (힘들어 하던 시절의) 공감 가는 이야기

- 불가능했던 일이 가능해짐

- 실패담을 고백함

- 상품 개발의 비화

- 제공 가치에 특화

- '사회적 과제' 해결을 위해 전력으로 노력함

여기서 가장 중요한 점은 7년 연속 물건을 팔지 못하는 세일즈 맨이었던 자신의 '실패담'입니다. 만약 기쿠하라 씨가 우수한 영업 사원으로 보이고픈 허영심에 서적이나 강연에서 실패담을 솔직하게 고백하지 않았다면 진정한 우수 세일즈맨으로는 거듭나지 못했을 것입니다.

자신을 노출시킴으로써 고객과의 거리감도 좁히고, 고객 또한 기쿠하라 씨의 인간적인 부분에 더욱 흥미를 느껴 스토리에 매료된 것입니다.

피터 드러커는 《미래사회를 이끌어 가는 기업가 정신》을 통해 "혁신의 기회는 폭풍우처럼 몰아치는 것이 아닌 산들바람처럼 왔다가 가는 것이다"라고 밝힙니다.

혁신의 기회는 일상 속에 넘쳐 나지만 깨닫기는 어려운 현실을 말하고 있습니다. 산들바람을 감지하는 감수성을 키우는 것. 그리고 느낀 바를 행동으로 옮겨 심리적 가치로 승화시키는 것. 그 변화를 고객의 시선에 들도록 하는 작업이 스토리라고 할 수 있습니다.

POINT

효과적인 스토리로 인생이 역전된다.

34

실패를 고백하는
용기가
마음을 움직인다

Peter Drucker

앞서 소개한 기쿠하라 씨가 주택 회사에서 근무하던 시절의 괴로웠던 경험을 떠올려 보십시오. 무엇을 해도 성과가 보이지 않고, 고객에게서는 왜 또 왔냐는 식의 대답만 듣는, 마치 폐를 끼치는 듯한 세일즈맨의 일상. 그런 시기가 7년 동안 이어져 인생의 구렁텅이에 빠져 있었습니다.

어째서 기쿠하라 씨는 이렇게 괴로웠던 경험을 굳이 공개했을까요?

기쿠하라 씨가 예전 그대로의 세일즈맨이었다면 자신을 깎아내리는 이야기에는 쭉 침묵을 지키고 있었을 것입니다. 하지만 기쿠하라 씨는 '직접 집을 지은 고객의 아쉬움이 담긴 에피소드 모음집'이라는 찬스를 무기 삼아 일약 톱 세일즈맨의 자리로 뛰어올랐습니다. 그 후 영업 프로세스를 3단계로 체계화하고 다른 영업 사원들이 활용할 수 있도록 재구성한 점도 주목해야 할 부분입니다.

기쿠하라 씨는 '그때로는 절대 돌아가지 않으리라'는 확고한 의지와 자신감을 얻어 '위축되어 있던 자신'이라는 과거와 결별할 수 있었습니다.

이렇게 '마음 정리가 끝난 실패담'은 최강의 무기가 됩니다. 왜냐하면 자신과 똑같은 실패를 경험한 사람은 거의 없을 테니, 타인이 경험하지 못한 통찰을 담아내면 같은 실수를 반복하는 일 없이 누군가에게 교훈을 줄 수 있기 때문입니다.

마음에서 정리되지 않았을 때는 실패담을 무턱대고 공개할 필요는 없습니다. 자신의 마음과 대면하면서 '지금이야' 하는 순간을 느낄 때에라야 그것은 유일무이한 무기가 됩니다.

실패담이 사업의 전기가 된 케이스를 소개하겠습니다.

삿포로 시에서 경영 컨설턴트로서 활약하는 오모토 요시노리 씨는 수명이 끝나가는 회사의 빚을 보증한 일 때문에 오래 거주하던 집을 날려 버린 뼈아픈 과거가 있습니다. 그 금액은 자그마치 1억 7천만 엔. 개인이 감당하기엔 무척 버거운 금액이었습니다. 게다가 다니던 회사가 파산하면서 직장마저 잃어버렸습니다.

그 후 오모토 씨는 나라의 시책으로 빚 반제는 면제되었지만, 경영 컨설턴트로서 창업을 하고도 그동안의 경험과 곧바로 마주할 마음이 생기지 않았습니다. 매달 통장을 열어 볼 때마다 한숨을 내쉬었고, '무슨 수를 내야 하는데……' 하는 마음에 성급하게 다른 업종과의 모임에 얼굴을 내밀기도 하고, SNS나 인터넷에 시간을 할애하며 광고를 하기도 했습니다. 하지만 업무 의뢰는 거의 없어 누구에게도 털어놓지 못하고 고뇌만 하는 하루가 계속되었습니다.

터닝 포인트는 2년 후에 찾아왔습니다. 바로 오모토 씨가 후지야 매니지먼트 연구소의 삿포로 모임에 참가했을 때였습니다. 후지야 선생님이 "홋카이도 안에서도 삿포로 이외의 상공회로 주력 상품의 강연 범위를 바꾸세요"라고 조언해준 것입니다. 홋카이도는 면적이 넓고 이동 거리가 길기 때문에 다른 강사라면 타산이 맞지 않아 꺼리는 곳으로 적극 어필하라는 진단이었습니다.

행동에 옮기자 즉시 반응이 왔습니다. 홋카이도 내의 상공회와 각종 단체에 방문한 후, '실력 있고 예산에 맞춰 위임할 수 있는 강사'라는 독특한 캐치프레이즈까지 효과를 나타낸 것입니다. 첫해에 11건이었던 세미나 의뢰는 2년차에 25건, 3년차에 55건, 4년차에는 111건으로 차근차근 증가했습니다. 경영 컨설팅 의뢰도 덩달아 늘었다고 합니다.

업무가 안정권에 들어선 현재, 오모토 씨는 드디어 과거와 제대로 마주할 수 있게 되었다고 말합니다. 그리고 "파산한 회사의 사장님은 모든 일을 혼자 짊어지다가 올바른 판단을 내릴 수 없었던 것이라고 이해하게 되었습니다. 당시 제가 사장님의 상담 상대가 되어 제대로 능력을 발휘했다면 도산하는 일은 없었겠지요. 정말 참담했어요" 하며 진심으로 안타까워하고 있습니다.

이런 일련의 경험과 깨달음을 무기로 오모토 씨는 다시 일어섰습니다. 고독해하고 있을 사장님들의 곁에 서서 실패를 방지하는 경영 어드바이저가 되기 위해, 올바른 판단으로 사장님과 직원 모두 행복한 삶을 누리게 하기 위해, 무엇보다 예전의 자신처럼 슬픈 눈을 하게 될 사람을 한 명이라도 줄이는 것이 자신의 사명임을 증명하기 위해서 말입니다.

그리고 오모토 씨는 현재에 이르기까지의 사건과 마음의 변화를 중심으로 한 독자적인 '스토리 시트'를 작성하여 의뢰인과의 첫 만남에서 건네주거나 인터넷에 공개하고 있습니다. 그중에서도 면담하러 오신 사장님들에게는 꽁꽁 싸매고 감추기보다 솔직하게 고백함으로써 동등한 위치에서 이야기한 점이 성과로 이어지고 있습니다.

피터 드러커는 《경영의 실제》에서 "사람의 성장을 돕고자 하는 일만큼 자신의 성장을 돕는 일은 없다"라고 말합니다.

언뜻 보면 이상하게 느껴지지만 '사람과 사회에 일조하고 싶다'라는 순수한 마음에는 반드시 공감해 주는 사람이 나타납니다. 이를 믿고 계속해서 행동하는 것이 세상을 바꾸고 세상과 연결되는 한 걸음이라고 생각합니다.

> **POINT**
> 실패를 고백하는 용기가 고객의 마음을 움직인다.

35

불가능한 일이
가능해지면
감동이 일어난다

뜬금없지만 '꼴찌 소녀'*를 아십니까? 2013년에 출간된 《학년 꼴찌 소녀가 1년 만에 편차치 40을 올려 게이오대학에 현역으로 합격한 이야기》, 일명 '꼴찌 소녀'는 감동을 불러일으켜 단행본과 특별 문고판을 합하여 판매 기록 100만 부를 돌파했습니다. 2015년에는 영화로도 제작되어 개봉 11일 만에 100만 명의 관람객을 동원하며 다시 한 번 화제가 되었습니다.

이 작품에는 고등학교 2학년 여름, 초등학교 4학년 수준의 학력에 전국 모의고사 편차치가 30이었던 실제 주인공이 등장합니다. 주인공은 학원 선생님이었던 저자 쓰보타 노부타카 씨에게 심리학을 활용한 학습 지도를 받고 공부에 대한 동기가 싹터 최고 등급인 게이오대학에 현역으로 합격했고, 이를 바탕으로 이

＊　우리나라에서는 〈불량소녀, 너를 응원해!〉라는 제목의 영화로 알려져 있다.

소설이 쓰였습니다.

이 작품의 가장 큰 특징은 '학년 꼴찌 소녀가 1년 만에 편차치 40을 올려 게이오대학에 현역으로 합격한 이야기'라는 제목 그 자체에 있습니다. 바로 '불가능한 일이 가능해졌다'는 점에 사람들이 감동했을 뿐입니다.

사람이 성장하는 모습에는 감동이 있습니다. 단, 꼴지 소녀처럼 '가능성의 정도의 차이가 크면 클수록'이라는 조건이 붙습니다. 도쿄대학을 졸업한 부유한 부모님을 둔 아이가 도쿄대학에 합격한 이야기에 감동이 없는 것처럼 말입니다.

'미스터 럭비'로 불리며 럭비 국가대표 감독을 역임했던 고(故) 히라오 세이지 씨와 인터뷰할 기회가 있었습니다. 히라오 씨와의 대화 중에서 가장 인상적이었던 대답은 "스포츠의 최대 매력은 불가능한 일이 가능해지는 것"이라는 말이었습니다. 스포츠에 열광하는 이유도 고통스러운 연습을 인내하며, 승리 또는 기록 경신을 향해 나아가는 선수들의 모습에 감동이 있기 때문입니다.

이는 창업 스토리에서도 마찬가지입니다. 불가능한 것을 인정하고 '가능하도록 하는 프로세스'를 정직하게 따르는 모습이 감동의 원천이 되어 고객의 마음을 움직이는 데 일조하게 됩니다. 이것이 매력적인 스토리에 필요한 요소입니다.

자신의 고난을 뛰어넘는 한 편의 인생 스토리로 지지자들이 모인 사례를 소개하겠습니다.

시즈오카현에서 중증 장애인 보호시설을 운영하고 있는 이케야 나오히토 씨는 태어나자마자 치료법이 확립되지 않은 난치병 '척수성 근위축증'에 걸려 당시 의사로부터 다섯 살까지밖에 살지 못한다는 진단을 받았습니다. 그럼에도 이케야 씨는 중증 장애에 난치병을 앓고 있으면서도 어려움을 몇 번이나 극복하며, 지금은 창업가로서 활약하고 있습니다. 20대 중반부터 서른다섯 살까지는 자발적 실업자로 살다가 드디어 정착한 업무는 심리 카운슬러였습니다. 입소문을 타 카운슬링 의뢰가 증가하면서 업무가 안정세에 접어들었습니다. 하지만 이케야 씨는 만족하지 않고 새로운 사업을 시작합니다. 바로 자신과 같이 치료법이 나오지 않은 중증 장애인을 위한 보호시설이었습니다.

처음에는 '장애인이 애를 쓰니 도와주자' 하는 마음으로 함께하는 스태프나 지원자가 많았는데 "그런 마음을 가진 사람들과는 거리가 있었다"라고 이케야 씨는 회상합니다. 결국 스태프들은 모두 교체되었습니다. 채용 장벽을 단숨에 높여 '그럼에도 함께 일하고 싶다'는 마음을 가진 스태프를 엄선하자 사업이 성장해 나갔습니다.

신사옥을 건설할 때는 1억 엔에 가까운 대출을 받았지만 오히려 더 큰 책임감과 사명감을 갖게 되었다고 합니다. 2018년에는 《이렇게 생각하면, 조금 더 힘낼 수 있다》라는 책을 출간해 인지도가 전국구로 넓어지면서 강연 의뢰도 늘고, 현재는 카운슬러 육성에도 힘쓰는 등 이케야 씨는 쉴 틈 없이 살고 있습니다.

이케야 씨의 최대 특징은 블로그나 메일 매거진, 서적을 통해 전달되는 다양한 정보를 접하고 공감한 사람들이 모이는 구조를 확립한 것입니다. 이케야 씨와 대면하고는 감동한 나머지 눈물을 흘리는 지지자도 있다고 합니다. 무엇보다 건강한 사람 이상으로 사업에 매진하는 모습을 보면 감동을 넘어 경의를 표할 수밖에 없는 것이 마땅한 듯합니다.

피터 드러커는 《프런티어의 조건》에서 "내일이라는 시간은 무명의 사람들에 의해 오늘 만들어진다"라고 말합니다. 이 말은 어떠한 환경에 처해 있더라도 자신이 믿는 바를 향해 힘차게 나아가는 자에게 기회는 찾아온다는 뜻입니다. 고난이 닥쳐와도 그 고난을 극복해 냈을 때 새로운 스토리를 얻게 됩니다.

POINT

성장 스토리는 가능성의 정도의 차이가 클수록 무기가 된다.

36

하고 싶어서
하는 일의
엄청난 힘

Peter Drucker

이 책을 통해 전달하고자 하는 내용을 한마디로 정리하면 '고객의 니즈를 파악하고 자사의 강점을 살려 독점 가능한 시장을 만들라'는 것입니다. '고객의 시선으로 본 마케팅'이라고도 할 수 있지만 때로는 그런 설계조차 무력하게 만드는 스토리의 위력이 있습니다.

바로 자신의 직감이나 욕구에 충실하여 거기에만 몰두해 나가는 것입니다. 상품의 경우 '니즈가 있는지 없는지는 모르겠지만 내가 원하니 만들겠다'와 같은 생각입니다. 거기에는 치밀한 계산에 기초한 청사진에는 없는 어떠한 열정이 숨어 있습니다. 그 힘으로 고객의 마음을 사로잡는 것이 이 스토리의 전략 아닌 전략이라고 할 수 있습니다.

이 또한 안일하게 접근한다면 실패하겠지만 마음에서 우러나

오는 진실한 접근이라면 충분히 도전할 의미가 있습니다.

열정을 품고 스스로 믿으며 나아가는 그 길 끝에, 지금까지 존재하지 않았던 시장을 발굴해 낸 사례를 소개하겠습니다.

대기업 통신 회사에 근무하던 기즈 이치로 씨(도쿄도)는 엄청난 고양이 애호가였습니다. 당시 살고 있던 집은 정원 딸린 2층 건물의 연립주택이었는데, 기즈 씨는 근처에 고양이가 출입하는 공간을 무척 좋아했습니다.

어느 날 기즈 씨는 양쪽 눈이 눈곱으로 뒤덮인 새끼 고양이를 우연히 보호하게 되었고, 얼마 지나지 않아 집 안에서 돌보기로 마음먹었습니다. 이윽고 걱정스러운 마음에 얼굴을 내비친 어미 고양이까지 보호하게 되면서 사건이 벌어졌습니다. 그 어미 고양이가 기즈 씨의 집에서 출산을 하게 된 것입니다. 그런데 더 큰 문제는 따로 있었습니다. 기즈 씨가 살고 있는 집은 반려동물이 금지된 건물이었습니다.

새로 태어난 세 마리의 고양이까지 더해 총 다섯 마리를 반려동물 불가 건물에서 돌보게 된 기즈 씨의 결단은 실로 대단했습니다. '고양이와 함께 살 수 있는 우리만의 집을 만들어 보자!' 이렇게 탄생한 것이 '고양이가 좋아서 만든 고양이 보호자와 고양이들을 위한 고양이 전용 아파트'입니다.

고양이와 함께 살고 싶다는 한 사람의 열망으로 맨땅에서부터 설계한 아파트는 적당한 곳을 찾지 못해 헤매던 고양이 보호자들에게 열광적인 지지를 받고 있습니다.

현재는 고양이와 사람이 쾌적하게 살 수 있는 집을 전국으로 확장시키며 '고양이 전용 아파트 임대 사업'의 감수와 컨설팅에 직접 나서고 있다고 합니다. 그밖에도 각종 매체를 통한 집필과 강연, 고양이 관련 상품 개발, 웹서비스 개발 등 활동 범위가 계속해서 넓어지고 있습니다. 기즈 씨는 생각지도 못한 사건으로 시작해 부동산 대가가 된 것입니다.

피터 드러커는 《피터 드러커 매니지먼트》에서 "혁신은 시장에 초점을 맞추지 않으면 안 된다. 제품에 초점을 맞춘 혁신은 신기한 기술을 선보일 수 있을지 모르지만 성장에서는 실망하게 될 것이다"라고 말하고 있습니다.

기즈 씨가 만든 '고양이 전용 매물'은 지극히 사적인 동기에서 시작된 프로젝트였습니다. 하지만 임대 매물이 포화하는 것에 비해 반려동물과 함께 살 수 있는 집은 극히 적었고, 특히 고양이 전용 매물은 제로에 가까운 상황이었습니다. 결국 기즈 씨의 '내가 원해서 만든' 대처는 결과적으로 '시장에 초점을 맞춘 서비스'가 된 것입니다.

또 피터 드러커는 같은 책에서 **"성공한 혁신의 대부분은 평범하다"**라고 밝히고 있습니다. 이 문장은 '어째서 지금까지 이렇게 단순한 것을 알아채지 못했을까' 하는 생각이 들더라도 그것을 '간절히 원하는 사람'이 존재해야만 최고의 혁신이 가능하다는 것을 의미합니다.

이론이 아닌 마음으로부터의 움직임. 1인 기업가에게 없어서는 안 될 가치입니다.

POINT

누구에게도 지지 않을 열망이 고객을 열광시킨다.

37

신념을 가지고 지지자를 모아라

당신은 당신이 세상을 바꿀 수 있다고 생각하십니까?

그럴 리가 없다고 생각하는 사람일수록 먼저 "세상을 바꿀 수 있다!"라고 외쳐 보셨으면 좋겠습니다. 물론 행동이 수반되지 않으면 그저 양치기 소년이 되고 말겠지요. 하지만 당신의 전략이 '누구에게', '무엇을', '어떻게' 도달할 것인지 분명히 정해져 있다면 세상을 바꾸는 일이 절대 불가능하지 않습니다.

단, 여기서 세상을 바꾸겠다는 말이 세계 시장을 제패한다는 의미는 아닙니다. 신념을 가지고 내 앞에 놓인 사업을 우직하게 이어가 세계로 통하는 길을 갈고 닦는 모습을 뜻하는 것입니다. 그렇게 뜻을 전하고 넓히면서 당신의 성장을 지지하는 사람을 모으는 것입니다.

처음에는 작은 한 걸음이었을지 모르지만 뜻과 이상을 높이면서 상상치 못했던 반응을 얻은 사례를 소개하겠습니다.

열광적일 정도로 가라아게*를 좋아하는 야스히시 텟페이 씨(도쿄도)는 2008년에 '일본가라아게협회'라는 단체를 설립했습니다. 협회의 목적은 거침이 없는데 '가라아게로 세계 평화를 추구한다'라는 것입니다. 협회의 웹사이트에는 다음과 같은 메시지가 게시되어 있습니다.

우리 일본가라아게협회는 가라아게를 사랑하는 사람들의 모임이면서 동시에 가라아게를 통해 세계 평화를 도모하는 단체라고 자부하고 있습니다. 가라아게를 먹는 사람이라면 응당 자연과 화합하게 되어 화를 내거나 싸우지 않습니다. 만약 세계의 전 인류가 가라아게를 먹는다면 어떤 일이 일어날까요?

그렇습니다. 세상은 웃음으로 가득하고, 잠시뿐일지도 모르지만 다툼이 없고 전쟁이 없는 평화로운 세상이 찾아오지 않겠습니까?

우리 협회는 그런 세상을 매순간 상상합니다.

＊ 닭고기, 생선, 채소 등을 밀가루나 녹말가루에 묻혀 튀긴 음식의 총칭이나, 일반적으로 닭고기 튀김을 말하며 일본에서 반찬이나 간식, 안주로도 즐겨 먹는다.

이 평화로운 세상을 실현시키려면 먼저 가라아게 문화를 지닌 일본에서, 가라아게를 제대로 알고, 가라아게의 맛과 위대함을 알리는 것. 이것이 가능할 때 먼저 일본에서 평화가 이루어질 것입니다.

그리고 아시아를 넘어 세계로 확장되면 틀림없이 세계 평화를 실현할 수 있습니다. 세계 속에 눈부신 일본의 '가라아게'가 거침없이 날아올라 가라아게의 시대를 여는 것.

그날이 오면, 가라아게가 세상을 바꿀 것입니다.

그런 가능성을 품은 음식. 바로 가라아게입니다.

일본가라아게협회의 대표를 역임하고 있는 야스히사 씨는 학생 때 창업을 한 경험이 있었지만 일이 잘 풀리지 않았습니다. 그래서 남는 시간 동안 취미의 연장선상에서 시작한 것이 '가라아게협회'라는 신규 사업이었습니다. 처음에는 분명 주변 사람들이 농담인지 진담인지조차 몰랐을 것입니다.

하지만 협회가 설립되고 10년 이상이 지난 현재, 일본가라아게협회는 회원이 10만 명을 돌파할 만큼 성장했습니다. 세계 각국에 지부도 설립되고 본래의 목적인 '가라아게로 세계 평화'를 향해 꾸준히 나아가고 있습니다.

가장 큰 특징은 순수하게 가라아게를 좋아하는 사람을 영입하는 활동을 1순위로 여긴 것입니다. 회비 징수 없이 운영하기 때문에 다양한 아이디어를 모아 일본 굴지의 제분 회사나 냉동식품 회사와 제휴를 맺어 관련 상품 개발에 협력하기도 하고, 이벤트를 열 때는 협찬을 받는 구조를 구축했습니다.

창업을 시작할 당시에는 "가라아게 협회? 가라아게로 세계 평화를 이룬다고?" 하며 대부분의 사람이 고개를 갸웃했으리라는 것은 상상하기 어렵지 않습니다.

하지만 야스히사 씨에게는 창업을 할 때 머릿속으로 생각하는 일을 비주얼화한 마인드맵이 있었다고 합니다. 솟아오르는 에너지만이 아닌 어떤 비전이 있었습니다. 그렇지만 이렇게까지 성공하리라고 예측이나 했을까요?

피터 드러커는 창업자조차 예측하지 못한 성과를 '예기치 못한 성공'이라 부릅니다. 그 경험을 활용하는 과정의 중요성을 《미래사회를 이끌어 가는 기업가 정신》에서 설명하고 있습니다. 그리고 "예기치 못한 성공만큼 혁신의 기회가 되는 것은 없다. 그러나 예기치 못한 성공은 대부분 무시당한다. 안타깝게도 존재조차 부정당하고 만다"라고도 말합니다.

성공은 절대 우연히 일어나지 않습니다. 신념을 가지고 힘차게 나아가야 성공의 문이 열립니다.

또 '왜 성공했는가?'에 대한 적절한 분석이 그다음의 성공도 일으킵니다. 만약 당신의 사업이 잘된다고 해서 손 놓고 즐기고만 있다면 그 성공은 거기서 끝나고 말 것입니다.

POINT
예기치 못한 성공이 세계를 향한 문을 연다.

38

사회 문제를 위한
미션은
공감을 얻는다

빈곤, 인구 감소, 빈집 증가, 먹을 수 있음에도 버려지는 식품, 고령 운전자 문제, 인구 고령화 등…….

21세기에 접어들어 20년 넘게 경과한 현재도 세상에는 해결해야 할 문제가 수두룩합니다. 마지막으로 소개할 스토리 전략은 '사회 문제에 과감하게 맞서는 자세'를 통해 결과적으로 사람들의 공감을 불러일으키는 것입니다.

사회 문제에 대하여 '내가 아니면 누가 하겠는가' 하는 사명감을 동반한 행동에 사람들은 감동합니다. 당신이 이제부터 시도하려는 사업 가운데 사회 문제의 해결 정신이 담겨 있다면 그것은 '세상을 바꾸는 한걸음'이 됩니다.

삶에 있어 미션이란 인생을 관통하는 프로젝트로 '완수해야 할 사명'이라고도 할 수 있는데, 때때로 미션은 삶을 움직여 인생의 큰 흐름을 만들어 갑니다.

자신의 미션과 관련된 사회 문제의 해결을 사업으로 연결시킨 사례를 소개하겠습니다.

무라키 마키 씨(오사카시)는 교토대학을 졸업하고 대기업과 외국계 컨설팅 회사를 거쳐 2013년에 LGBT(성소수자)가 활발하게 일하는 직장을 만들기 위한 NPO(비영리단체)를 설립했습니다.

자신이 성소수자임을 공표하기 전의 무라키 씨는 회사에 마음을 두기 어려워질 때마다 이직을 반복했다고 합니다. 그러다가 결의를 다지고 'LGBT가 일하기 좋은 직장 만들기'를 주제로 한 강연 활동을 시작하면서 같은 고민을 지닌 사람이 무수히 많다는 사실을 알게 되었습니다. 또 일본 기업에는 직장 내 금지 규정에 성적 지향에 관한 내용이 전혀 포함되어 있지 않았는데, 차별적인 발언에 상처를 받아도 호소할 제도조차 마련되어 있지 않은 점을 문제 삼았습니다. 이렇게 탄생한 것이 성소수자의 상징인 '무지개'를 모티브로 한 NPO '무지개색 다이버시티'입니다.

무라키 씨가 표방하는 미션은 LGBT가 부당하게 무시당하지 않고, 공정한 대우를 받으며, 주위 사람들과 교류하면서 심신의 건강을 살피는, 그래서 스스로가 지니고 있는 힘을 열정적으로 발휘하는 사회를 만드는 것. 이 미션에 공감하는 사람들의 지지는 활동에 더욱 박차를 가하게 하는 힘이 되었습니다.

현재 무라키 씨는 LGBT 당사자로서 겪은 일과 컨설턴트로서의 경험을 살려 LGBT와 직장에 관한 조사 및 강연 활동을 하고 있습니다. 무라키 씨의 활동은 구글임팩트 챌린지와 니혼게이자이 신문이 주관하는 '우먼 오브 더 이어 2016 체인지 메이커 상'을 수상하는 등 사회적으로도 좋은 평가를 받고 있습니다.

최근 수년 사이에 세계적으로 LGBT 문제나 외국인 노동자를 필두로 하는 타문화 이해에 대한 니즈가 높아졌습니다. 때문에 기업이나 사회도 점차 유연한 자세를 보이고 있어 관련 단체 대상의 강연과 컨설팅도 늘어나고 있다고 합니다.

피터 드러커는《비영리단체의 경영》에서 "생각해 보아야 할 것은, 미션은 무엇인가이다. 미션의 가치는 바른 행동을 불러오는 데 있다"라고 말합니다. 1인 기업에서도 꿈은 크게, 뜻은 높게 가져야 합니다. 이때 중요한 역할을 담당하는 것이 피터 드러커가 말하는 '미션'입니다. 기억해야 할 것은 내세운 미션은 자신이 존재한다는 변하지 않는 사실처럼, 단순한 계획에 흔들리지 않는 행동 기준이어야 한다는 점입니다.

자, 마지막 질문입니다. 당신의 '미션'은 무엇입니까?

POINT

미션, 인생 프로젝트가 되다.

사업이란
고객의 소리를 경청하는 것

피터 드러커의 명언 중에 "사업은 회사명이나 정관, 설립 취지로 정의되는 것이 아니다. 고객을 만족시키고자 하는 욕구로 정의된다. 고객을 만족시키는 것이 기업의 사명이자 목적이다"(《피터 드러커 일의 철학》)라는 말이 있습니다. 이는 사업은 자기 회사의 고객이 결정한다는 뜻입니다.

따라서 '고객은 이런 것을 원할 거야' 하는 생각을 해서는 안 됩니다. 사업에서 중요한 것은 고객의 마음을 읽는 것이 아닌, 고객에게 직접 답을 듣는 것입니다. 그러기 위해 현장에 나가 고객을 자세히 관찰하고 고객의 소리를 경청하며 질문해야 합니다.

또 타깃 고객을 좁혀 나가는 것은 사업에서 가장 중요한 과제로, 항상 고객의 소리를 들을 준비가 되어 있어야 합니다. 또 고객을 주의 깊게 관찰하며 고객의 발언을 잘 듣고 질문해야 하고, 동시에 비고객을 유심히 살펴 그들의 이야기를 듣고 질문하는 것도 중요합니다.

왜냐하면 비고객이 압도적으로 많은 현실을 생각하면 시장 변화는 이들에게서 일어날 확률이 높기 때문입니다. 따라서 사업은 고객 중심 마인드이면서 시장 중심 마인드가 함께 동반되어야 합니다.

결국 고객이 원하는 것을 객관적인 사실로 받아들이고, 비고객이 바라는 것도 객관적인 사실로 받아들여야 합니다.

창업 단계에서 더욱 중요한 점은 '예상 밖의 성공'입니다. 예상 밖의 성공이란 '타깃으로 삼지 않았던 사람이 구매하는 것', '자사의 상품을 생각지 못한 방법으로 사용하는 사람이 있는 상황' 등을 가리킵니다. 미처 알아채지 못한 찬스를 고객이 가르쳐 주고 있다는 증거이지요.

반대로 '예상 밖의 실패'도 시장에서 중요한 시그널입니다. 즉 우리가 구상한 사업은 '우리의 믿음에 지나지 않았다'는 것으로 나타날 수 있습니다.

이러한 현실을 솔직하게 받아들이고 수정해 나가는 과정은 사업 성공으로 직결됩니다. 이 책을 참고로 꾸준히 노력하여 창업을 성공으로 이끄시길 바랍니다.

감수자 후지야 신지

혁신은
누구라도 가능하다

마지막까지 읽어 주셔서 감사합니다. 창업을 고려하는 분들에게 단 한 줌의 도움이라도 되었으면 좋겠습니다.

여러분께 이야기할 수 있는 것도 이 페이지밖에 남지 않았다고 생각하니 여러 가지 생각들이 스쳐 지나가는데, 마지막으로 '혁신'에 대한 이야기를 해 보고자 합니다.

피터 드러커가 남긴 "성공한 혁신의 대부분은 평범하다"(《미래 사회를 이끌어 가는 기업가 정신》)라는 말은 저에게 항상 용기를 북돋워 줍니다.

우리는 새로운 기술에 민감해진 나머지 유행에 휘둘리기 쉽지만, 이 한 문장은 '나의 본디 원점이 어디인가'를 생각하게 하기 때문입니다.

초밥집에서 나오는 찻잔을 사용해 본 경험이 있으십니까? 젊은 사람은 모를 수도 있겠습니다만 '광어', '고등어', '청어'와 같은 생선의 이름이 적힌 커다랗고 두꺼운 찻잔 말입니다.

이 찻잔을 처음에는 신기한 맛에 사용했는데, 언제부터인가 일상생활에서 사용하기에는 무겁고 불편하다는 걸 깨달았습니다. 그대로 처분해 버리면 그저 타지 않는 쓰레기*가 되겠지만 어느 날 당신이 젓가락이나 펜을 꽂아 사용하는 법을 '발명'합니다.

이 또한 훌륭한 혁신입니다. 특별하고 새로운 기술을 구사해야만 혁신인 것은 아닙니다. 이 찻잔처럼 옛날부터 있던 물건에 새로운 가치를 찾아주는 일도 혁신이라는 사실을 잊지 마십시오. 혁신은 특별한 곳이 아닌 우리 일상에 뿌리를 내리고 있습니다.

시대의 변화나 고객의 니즈가 따라잡기 힘들 만큼 빠르게 바뀌는 요즘은 한 가지 사업으로 수십 년을 가는 일은 드뭅니다. 하지만 피터 드러커의 이론이나 명언은 시대와 지역, 사업 규모의 크고 작음에 관계없이 보편적입니다.

* 일본은 크게 타는 쓰레기와 타지 않는 쓰레기로 분류하여 쓰레기를 처리한다.

사업의 목적이 보편적인 인간 심리에 기반하고, 고객의 니즈에 맞춘 사업을 지속할 수 있습니까? 그렇다면 비록 '1인 기업'일지라도 오래도록 사랑받는 강력한 사업을 일굴 수 있음을, 혁신은 누구든지 가능함을, 그리고 당신이기에 쌓아 올릴 수 있는 재산이 있음을 이 책을 통해 전해드렸습니다.

저 자신에게 적용시켜 보면 창업 지원 정보지 《안토레》에서 18년 동안 편집을 해 올 수 있었던 건, 제 삶의 반을 차지하는 혁신적이고도 커다란 자산이자 행운이었습니다. 여전히 후지야 선생님의 제자로 피터 드러커의 이론을 배우고 있는 것 또한 마찬가지입니다. 모든 것이 저에게 둘도 없이 소중한 재산입니다.

지금도 가끔 창업가 취재로 물불을 가리지 않았던 날들을 떠올립니다. 실제로 훌륭한 작가 분에게 취재를 부탁한 적도 있고, 모든 현장에 제가 동석해야 할 필요는 없었습니다.

하지만 '만남이 곧 전부다', '해답은 현장에 있다'라고 굳게 믿던 저는, 가능한 한 취재 현장으로 발걸음을 옮겨 그들의 열기를 느끼고 그들의 말에 귀를 기울였습니다. 이러한 경험의 축적이 이 책을 만들었음에 틀림없습니다.

또 이 책은 수많은 조력자들의 힘을 빌려 탄생했습니다.

주로 《안토레》 취재를 통해 만난 3000명 이상의 창업가 분들, 또 이 책에 사례로 등장해 주신 37명의 창업가 분들께 먼저 감사를 드립니다.

《안토레》에서 함께한 선배나 동료들과는 '고용당하지 않고 살아가는' 라이프스타일을 선택할 수 있는 사회를 만들기 위한 열정을 나눠 가질 수 있었습니다. 20년이 넘는 시간에 걸쳐 발행된 《안토레》는 2019년 여름호를 끝으로 휴간되었지만, 회사에서 독립하여 안토레를 설립한 대선배 기쿠치 야스히토 씨에게는 안토레의 DNA가 뚜렷이 새겨져 있다고 확신합니다.

외부에서 있는 힘껏 응원해 주신 편집 파트너에게는 지금도 고개를 들 수 없습니다. 때때로 의견 충돌이 생겨도 문제를 뛰어 넘는 통찰과 노력을 보여주었습니다. 할 수 있는 최대한의 경의와 감사를 표합니다.

이 책의 감수를 흔쾌히 맡아주신 후지야 신지 선생님께는 지금도 매달 지도를 받으면서 컨설턴트로서의 존재 방법을 배우고 있습니다. 후지야 선생님이 '중소기업을 위한 피터 드러커 이론'이라는 새로운 시장을 만드셨듯이 저도 저의 강점을 살린 시장을 만드는 것이 목표입니다.

편집 담당 가와카미 사토시 씨와는 지금까지 몇 권의 책을 함께 작업해 왔습니다. 이렇게 저의 책을 담당하시리라고는 생각지도 못했는데 항상 냉정하게 독자의 시점에서 진심어린 많은 조언을 해 주셔서 감사합니다.

마지막으로 일 때문에 1년의 태반을 해외에서 보내는 아내. 집필 중에는 차분하게 대화할 기회가 거의 없었지만 이렇게 한 권의 책을 쓸 수 있었던 것은 모두 당신 덕분입니다. 그리고 글을 쓸 때마다 제 옆을 지켜준 반려견 랜스. 랜스와 함께하는 매일 세 번의 산책이 저의 유일한 휴식이자 글쓰기 아이디어의 원천이 되었습니다. 앞으로는 저 스스로 홍보 부장이 되어 이 책을 많은 사람이 읽게 할 것이고, 그 아이디어를 얻기 위해 랜스의 힘을 빌릴 생각입니다.

저는 앞으로도 '1인 기업'을 지원해 나갈 것입니다. 독자 여러분들과도 언젠가 어딘가에서 만나게 될 날을 기대하고 있겠습니다.

아마다 유키히로

참고 문헌

《21세기 지식경영》

《경영의 실제》

《넥스트 소사이어티》

《미래사회를 이끌어 가는 기업가 정신》

《변화 리더의 조건》

《비영리단체의 경영》

《테크놀로지스트의 조건》

《프런티어의 조건》

《피터 드러커 매니지먼트》

《피터 드러커 일의 철학》

《피터 드러커 창조하는 경영자》

《피터 드러커 하루 10분 나를 바꾸는 한마디》

《피터 드러커의 자기경영노트》

《프로페셔널의 조건》

《성공은 전부 콘셉트에서 시작된다》(국내 미출간)

《피터 드러커 100가지 말》(국내 미출간)

《피터 드러커 경영을 잘 알게 되는 책》(국내 미출간)

피터 드러커
1인 기업 성공 법칙

초판 1쇄 인쇄 | 2024년 2월 19일
초판 1쇄 발행 | 2024년 2월 27일

지은이 | 아마다 유키히로
감수자 | 후지야 신지
옮긴이 | 우다혜
펴낸이 | 전준석
펴낸곳 | 시크릿하우스
주소 | 서울특별시 마포구 독막로3길 51, 402호
대표전화 | 02-6339-0117
팩스 | 02-304-9122
이메일 | secret@jstone.biz
블로그 | blog.naver.com/jstone2018
페이스북 | @secrethouse2018
인스타그램 | @secrethouse_book
출판등록 | 2018년 10월 1일 제2019-000001호

ISBN | 979-11-92312-88-0 03320